生活簡簡單單，幸福平平淡淡

Life is Simple
Happiness is Plain

葉儀真 編著

培育文化

人與人 57

生活簡簡單單，幸福平平淡淡

編著　葉儀真
責任編輯　林美玲
美術編輯　林子淩
封面/插畫設計師　林家維

出版者　培育文化事業有限公司
信箱　yungjiuh@ms45.hinet.net
地址　新北市汐止區大同路3段194號9樓之1
電話　（02）8647-3663
傳真　（02）8674-3660
劃撥帳號　18669219
CVS代理　美璟文化有限公司
TEL／(02)27239968
FAX／(02)27239668

總經銷：永續圖書有限公司
永續圖書線上購物網
www.foreverbooks.com.tw

法律顧問　方圓法律事務所　涂成樞律師
出版日期　2015年02月

國家圖書館出版品預行編目資料

生活簡簡單單,幸福平平淡淡 / 葉儀真編著.
-- 初版. -- 新北市 : 培育文化, 民104.02
面 ; 　公分. -- (人與人系列 ; 57)
ISBN 978-986-5862-48-0(平裝)
1.修身 2.生活指導

192.1　　103026656

序 - foreword - 言

我們的狀況並不是最糟的，生活看起來也不是一無是處！縱然現在的境況很差，也沒什麼好悲觀憂傷的，因為一切已不可能再壞，只能向好的方向轉化。

有一個故事：

「我非常需要幫助，否則我會發瘋。我們住在唯一的一個房間之中，我的妻子、孩子，以及我的岳父、岳母全住在一起。我們的神經處在極度的緊張之中，房間就像地獄。」弟子無助地跟大師訴說。

「你會去做我告訴你的一切嗎？」大師嚴肅地問。

「我發誓我會。」

「很好。你家有多少動物」

「一頭牛、一隻羊以及六隻雞。」

「把它們全帶進你的房間。一個星期之後回來找我。」

一個星期後，弟子回來了，狀甚可憐，呻吟著說：「我的神經快崩潰了，因為實在是太過於骯髒、惡臭和吵鬧了。」

大師說，「回去，把動物們統統放出去。」

弟子一路上小跑著回家。第三天他又回來了，眼睛閃著喜悅的光芒。

「生命多甜美啊！動物出去了。家是一處樂園，那樣地安靜、寬敞。」

太多人都忘了自己所擁有的，因而痛苦失意，而太多人都把時間白白浪費在等待之中，從未紮紮實實地做些事情，以使現狀朝著自己希望的方向發展。快樂是對擁有的珍惜與感激，而不是相反。

Chapter.01

讓自己快樂

樂觀人生

Chapter.03

心寬豁達

Chapter.04

知足常樂

Chpater 01

快樂讓自己

欲望的鎖鏈

有個人準備離開他所住的村莊，到無人居住的山中去隱居修行，他只帶了一塊布當衣服。後來他想到當他要洗澡的時候，他需要另外一塊布來替換，於是他就下山到村莊中，向村民們乞討一塊布當作衣服。

當他回到山中之後，發覺在他居住的茅屋裡面有隻老鼠，常常會在趁他專心打坐的時候，來咬他那件準備換洗的衣服，他早就發誓一生遵守不殺生的戒律。但是他又沒有辦法趕走那隻老鼠，所以他又回到村莊要了一隻貓來飼養。

得到了貓之後，他又想到了：「要吃什麼呢？我並不想讓貓去吃老鼠，但總不能跟我一樣只吃一些野菜吧！」於是他又跟村民要了一隻乳牛，那隻貓就可以靠牛奶維持生活。

但是，在山中居住了一段時間以後，他發覺每天都要花很多的時間來照顧那頭母牛，於是他又回到村莊找了一個流浪漢幫他照顧乳牛。

流浪漢在山中居住了一段時間之後，他跟修道者抱怨：「我跟你不一樣，我需要一個太太，我想要一個正常的家庭生活。」修道者想一想也是有道理……這樣發展下去，到了後來，整個村莊都搬到山上去了！

生活哲理

欲望就像是一條鎖鏈，一個牽著一個，永遠都不能滿足。而真正可悲的是，人絕對不愁為自己的欲望找不到藉口。

虛榮的山雞

山雞天生美麗，渾身都披著五顏六色的羽毛，在陽光的照耀下熠熠生輝、鮮豔奪目，叫人讚歎不已。牠很為這身華羽而自豪，也非常憐惜自己的美麗。

牠在山間散步的時候，只要來到水邊，瞧見水中自己的影子，就會翩翩起舞，一邊跳舞一邊驕傲地欣賞水中倒映出的自己，看看自己那絕世無雙的舞姿。

魏武帝曹操當政的時候，有人從南方獻給了他一隻山雞。曹操十分高興，立刻召來了有名的樂工，為他奏起動聽的曲子，好讓山雞跳舞歌唱。

樂工賣力地又吹又打，可是山雞卻一點都不買帳，充耳不聞，既不唱也不跳。曹操的手下人拿來美味的食物放在山雞面前，山雞連看都不看，無精打采地低著頭走來走去。

就這樣，任憑大家想盡，也使盡了辦法，始終都沒辦法逗得山雞起舞。

曹操非常掃興，氣惱不已，斥責手下人說：「你們這麼多人，連一隻山雞都對付不了，還怎麼做大事！」

曹操有一位十分鍾愛的小兒子，名字叫作曹沖。曹沖自幼聰明伶俐，又博覽群書、見識淵博。這時候，他動了動腦子，有了主意，於是就走上前對曹操說：

「父王，兒臣聽說山雞一向為自己的羽毛感到驕傲，所以一見到水中有自己的倒影，就會跳起舞來欣賞自己的美麗。您何不叫人搬一面大鏡子放在山雞面前，這樣山雞顧影自憐，就會自動跳起舞來了。」

曹操聽了馬上叫人將宮中最大的鏡子抬過來，放在山雞面前。

山雞慢悠悠地踱到鏡子跟前，一眼看到了自己無與倫比的麗影，比在水中看到的還要清晰得多。

牠先是拍打著翅膀對著鏡子裡的自己激動地鳴叫了半天，然後就扭動身體、舒展步伐，翩翩起舞了。

山雞迷人的舞姿讓曹操看呆了，連連拍手，讚歎不已，也忘了叫人把鏡子抬走。

可憐的山雞，對影自賞，不知疲倦，無休無止地在鏡子前拼命地又唱又跳。最後，耗盡力氣，倒在地上死了。

生活哲理

山雞的確美麗，但牠的虛榮心也實在太強了，以致於受人愚弄。我們不能讓虛榮心、好勝心戰勝了理智，否則就會遭到慘敗。

貪婪與懶惰

貪婪與懶惰是一對孿生兄弟，它們看不起勞動工作，忘記了手的功能，於是在餡餅掉下之前便餓死在貪欲上。

有一個神仙腰間掛著一隻葫蘆，來到了凡間，跟凡人結伴而行。凡人饑渴的時候，便問神仙：「你葫蘆裡可裝著水？」

神仙解下腰間的葫蘆，遞給凡人說：「有，有水！滿滿的一葫蘆水呢！你要喝就儘管喝吧！」

凡人喝了神仙的水，覺得滿口生津，精神百倍，心裡得到很大的滿足，但凡人並不知同行者是神仙。

後來，凡人工作做累了，突然對著神仙的葫蘆異想天開的說：「你葫蘆裡裝的要不是清水，而是美酒，該多好哇！」

神仙嘻嘻一笑，又把葫蘆捧到凡人眼前道：「有，有酒！滿滿一葫蘆酒！你想喝就儘管喝吧！」

凡人喝了神仙的美酒，果然感到香醇無比，無異於玉液瓊漿。

凡人悟出了同行者乃神仙。

於是，凡人接著對神仙說：「你葫蘆裡要是裝著仙丹該多好呀，那東西吃了可以長生不老！」

神仙聽後撲哧一笑，二話沒說，擰開塞子。

凡人張開嘴巴，等待神仙將仙丹倒進口中。

可是神仙把葫蘆翻個底朝天，也沒有倒出什麼東西。神仙大笑，倏忽離開了人間。

人生忌貪，不要再貪吃「一小口」。葛拉西安的《智慧書》告訴我們：「不要等到自己成為落日殘旭。在什麼時候收場，這是人生的大智慧。在好的時間點上，比較容易收場，而且大都是滿意的目光。在壞的時間點上，很難收得了場，並且大家都是厭惡的眼光。」

據說上帝在創造蜈蚣時，並沒有為牠造腳，但是牠可以爬得和蛇一樣快速。有一天，牠看到羚羊、梅花鹿和其他有腳的動物都跑得比牠還快，心裡很不高興，便嫉妒地說：「哼！腳愈多，當然跑得愈快。」

於是，牠向上帝禱告說：「上帝啊！我希望擁有比其他動物更多的腳。」

上帝答應了蜈蚣的請求。祂把好多好多的腳放在蜈蚣面前，任憑牠自由取用。

蜈蚣迫不及待地拿起這些腳，一隻一隻地往身體貼上去，從頭一直貼到尾，直到再也沒有地方可貼了，牠才依依不捨地停止。

牠心滿意足地看著滿身是腳的自己，心中暗暗竊喜：「現在我可以像箭一樣地飛出去了！」

但是，等牠一開始要跑步時，才發覺自己完全無法控制這些腳。這些腳各走各的，除非全神貫注，才能不致互相絆跌而順利地往前走。這樣一來，牠走得比以前更慢了。

很多東西不是越多越好。凡事都要有一個限度，超過了這個限度，好事就會向壞事方面轉化。

貪心使人永遠沒有滿足之時，永遠會不停地伸出手去巧取豪奪。既然所有「貪」來的財物，永遠不能滿足其欲壑，事實上也就永遠是兩手空空，有也等於無。更何況貪婪者見獵心喜，動輒會不擇手段，總是提心吊膽恐怕惡行被人識破，這種人生哪裡會有樂趣可言呢？

付出才能獲得

在巴勒斯坦有兩個海，它們很不一樣。

一個叫加黎利海，是個大湖，內有清澈新鮮可供人飲用的水。不但魚兒常戲游其中，而且人們也常來這裡渡假，游泳消暑，加黎利海為綠色的田園所圍繞，很多人把他們的住宅或別墅建在緊靠湖邊的岸上。

另一個稱為死海，它也真的一如其名，有關它的一切東西均是死的。水是鹹的，假如你飲用它，你還會生病。水中當然沒有魚。其岸邊也不生長任何東西，更沒有人想居住在附近去聞那個令人作嘔的臭味。

關於兩海的有趣之處是：它們的水均源出一個源頭，而流入了兩個海中。

那麼，是什麼使之如此不同呢？僅僅是：一個接受，然後付出；另一個接受後，就會保存擁有。

約旦河水流入加黎利海的頂端，然後從其底部流走。大湖用這水，然後將之傳給別人繼續使用。

約旦河水然後流入死海，就永不再外流了。死海自私地保留了水，只為它自己。這是死海致死的原因。它得到，但從不給予付出。

生活哲理

一個人只顧眼前的利益，得到的終將是短暫的歡愉；一個人目標高遠，但也要面對現實的生活。

只有把理想和現實結合起來，才有可能成為一個成功之人。這是簡單的道理，也是理想變為現實的道理。

謙受益，滿招損

很久以前，有一座山。山上古木參天，遍地奇花，很少有人到這裡，所以顯得格外寧靜，只有潺潺的溪水和偶爾的鳥鳴，才會打破這份寧靜。

在這座深山裡，住著一老一少兩位仙人。

老仙人是個得道之人，長得很瘦，精神矍鑠，雪白的鬚眉下，雙目炯炯有神。小仙人雖然希望也能像老仙人那樣修得正果，卻不願像老仙人那樣整天修煉，因此，並沒有多大的能力。

老仙人經過多年的苦心修煉，有著很深的功力，具有五種神奇的本領。小仙人十分羨慕老仙人，有一天，他對老仙人說：「師傅，請您收我做徒弟吧！我想跟您學習本事。」

老仙人非常嚴肅地對他說：「年輕人，我們仙人修身養性，學習神通，並不是為了滿足我們自己。如果你學習神通是為了造福於人，那麼你會學到真本事。相反，則造成危害！」

聽了老仙人的一番話，小仙人默然不語。

過了些日子，他又苦苦哀求：「師傅，求您教教我吧！我保證一定按您說的去做，學會五種神通後，用來好好修道，決不用它做壞事。」

看著小仙人誠懇的樣子，再加上他三番兩次的請求，老仙人終於答應傳授給他。小仙人費了好大功夫，總算把神通學到了手。

小仙人學會了五種神通後，覺得在山上十分寂寞，總想向別人炫耀一番。可是這深山老林裡連個人影都很難看到，他聽不到一句讚美聲。

有一天，小仙人悄悄地下了山。

來到城裡，熱鬧的街道上是熙熙攘攘的人群，人們見到一個年輕人拔地而起、騰雲駕霧，都覺得很吃驚，圍過來讚不絕口。

聽著大夥兒的一片讚美聲，小仙人不禁洋洋得意了起來，於是他給眾人展示了他的各種神通。

從此，虛榮的小仙人便經常去到山下，在眾人面前表演神通，不久便聲名大噪。

有一次，小仙人正在做著各種表演時，正好讓老仙人看見。

老仙人沉下臉來說道：「年輕人，你如果心術不正，遲早有一天你會喪失神通的。」

可是小仙人不僅對老仙人的苦口良言充耳不聞，反而因為老仙人讓他在眾人面前出了醜，便到處誹謗老仙人，說他的本領已經比老仙人強，所以老仙人非常嫉妒等等。

老仙人聽到這些流言，只是淡淡一笑，也不做任何辯解。因為他知道他的預言終有一天會變成真實。

果然，沒過多長時間，在一次當眾表演中，小仙人竟然失足跌了下來，引起眾人哄堂大笑。他試圖再次拔地而起，卻怎麼也升不上天空。

他不甘心在眾人面前丟人現眼，便一遍遍地施展各種神通，得到的卻是眾人的嘲諷，原來他已經失去了全部的神通。

一傳十，十傳百，全城都傳遍了小仙人失去神通的消息。

全城百姓都一致讚揚老仙人品德高尚，本領非凡。同時，全城人也譴責小仙人心胸狹隘，品行低下，最後一致決定把小仙人驅逐出城。

沮喪的小仙人這才懊悔自己沒有接受老仙人的忠告，可是為時已晚，他只能在眾人的斥責聲中垂頭喪氣地離去。

生活哲理

不聽善意的忠告只能導致自己的失敗和挫折。

餓死的年輕人

有個年輕人在二十歲的時候，因為沒飯吃而餓死了。

他到了閻王的面前，閻王從生死簿卜查出這個年輕人應該有六十歲的年壽，他一生會有一千兩黃金的福報，而不應該這麼年輕就被餓死。

閻王想，會不會是財神把這筆錢貪污掉了呢？於是把財神叫過來詢問原委。財神說：「我看這人命格裡的文才不錯，如果寫文章一定會發達，所以把一千兩黃金交給文曲星了。」

於是，閻王把文曲星叫來詢問。

文曲星說：「這個人雖然有文才，但是生性好動，恐怕不能在文章上發達，我看他武略也不錯，如果走武行也會有前途，於是就把一千兩黃金交給武曲星了。」

閻王把武曲星叫來詢問。

武曲星說：「這個人雖然文才武略都不錯，但非常懶惰，我怕不論從文從武都不容易送給他一千兩黃金，只好把黃金交給土地公了。」

閻王把土地公叫來詢問。

土地公說：「這個人實在太懶惰了，我怕他拿不到黃金，所以把黃金埋在他父親從前耕種的田地裡，從家門口出來，如果他肯挖一鋤頭就能挖到黃金了。可是，他父親死後，他從來沒有動過鋤頭，結果活活被餓死了。」

最後，閻王也無可奈何，於是判了「活該」，並把一千兩黃金繳庫了。

生活哲理

看來，如果一個人有再大的福報，但不肯踏實勤勞的工作，也是沒有用的。如果不肯動手去做，就是埋在最近之處的黃金也看不到；如果勤於付出，每一步，每一鋤頭都是價值千兩的黃金。

唇亡齒寒

晉獻公要出兵攻打虢國，首先必須經過虞國，但是他擔心虞國不肯答應借路。這時，晉國大臣荀息對獻公說：「您如果肯將垂棘（地名）所產的名貴玉石與屈產（地名，均屬晉國領土）所出的良馬奉送給虞國的國君，然後再向他借路，我想他是會答應的。」

晉獻公有些猶豫地說：「垂棘玉石是我祖傳的寶物，屈產寶馬是我心愛的坐騎啊！如果虞國國君收下了我的這兩件珍貴禮物，卻仍然不肯借路給我，那怎麼辦？」

荀息於是對獻公分析道：「虞國的國君如果不肯借路，他定然不敢隨便收下我們的禮物；如果他收下了玉石和寶馬，就一定會借路給我們。至於這兩件寶物，雖然您有些捨不得，但這也不要緊，我們只不過是暫時將寶物寄存在那裡罷了，遲早還是要歸還給您的。打個比方，我們將垂棘玉石放在虞國，就好比從內室移到了外室；而將屈產寶馬放到虞國，也就好比是從內馬圈牽到了外馬圈一樣。到時候，您如果要把這兩件寶物取回來，那還不容易嗎？」

一番話說得晉獻公如釋重負，於是決定按荀息的計謀行事。

虞國的國君見到這兩件稀世寶物後，有些動心，打算給晉國借路。這時，虞國大夫宮之奇出面勸阻說：「國君可不能這樣做呀！虢國是我們的鄰邦，他們與我國恰似一種唇齒相依的親密關係，如果嘴唇沒有了，牙齒是會受凍的呀！長期以來，我們兩國在危難之際互相救助，這並不是什麼互施恩德，而完全是戰略上的互相需要啊！而今，您同意給晉國借路，讓其攻打虢國。如果晉國在今天消滅了虢國，我們虞國在明天就會被晉國吃掉，這該是多麼危險的事啊！」

可是，虞國國君一心貪戀晉國的寶玉和良馬，聽不進宮之奇的勸阻，給晉國軍隊讓出了一條攻打虢國的必經之路。

晉國憑藉自己的國力強盛、兵強馬壯，很快就消滅了弱小的虢國。在班師回朝之際，又順便剿滅了毫無準備的虞國。為此，荀息特地去虞國找回寶玉和良馬，當面歸還給晉獻公。

晉獻公望著失而復得的寶物，十分得意地說：「寶玉還是我原來的那一塊，沒有變樣；只是這馬又多長了一顆牙齒，比去年大一歲了。」

生活哲理

虞國國君為了貪圖眼前的一點小利，置國家利益於不顧，結果招致亡國的巨大災難，這個深刻的歷史教訓，是值得後人深思的。

讓自己快樂

一位十六歲的少年去拜訪一位年長的智者。

他問：我如何才能變成一個自己快樂、也能夠帶給別人快樂的人呢？

智者笑望著他說：「孩子，在你這個年齡有這樣的願望，已經是很難得了。很多比你年長很多的人，從他們問的問題本身就可以看出，不管給他們多少解釋，都不可能讓他們明白真正重要的道理，就只好讓他們那樣好了。」

少年滿懷虔誠地聽著，臉上沒有流露出絲毫得意之色。

智者接著說：「我送給你四句話。第一句話是，把自己當成別人。你能說說這句話的含義嗎？」

少年回答說：「是不是說，在我感到痛苦憂傷的時候，就把自己當成是別人，這樣痛苦就自然減輕了；當我欣喜若狂之時，把自己當成別人，那些狂喜也會變得平淡一些？」

智者微微點頭，接著說：「第二句話，把別人當成自己。」

少年沉思一會兒，說：「這樣就可以真正同情別人的不幸，理解別人的需求，並且在別人需要的時候給予恰當的幫助？」

智者兩眼發光，繼續說道：「第三句話，把別人當成別人。」

少年說：「這句話的意思是不是說，要充分地尊重每個人的獨立性，在任何情形下都不可侵犯他人的核心領地？」

智者哈哈大笑：「很好，很好，孺子可教也！第四句話是，把自己當成自己。這句話理解起來太難了，留著你以後慢慢品味吧！」

少年說：「這句話的含義，我是一時體會不出。但這四句話之間就有許多自相矛盾之處，我要用什麼方法才能把它們統合起來呢？」

智者說：「很簡單，用你一生的時間和經歷。」

少年沉默了許久，然後叩首告別。

後來少年變成了壯年人，又變成了老人。

再後來在他離開這個世界很久以後，人們都還時時提到他的名字。人們都說他是一位智者，因為他是一個愉快的人，而且也給每一個見到過他的人帶來了愉快。

生活哲理

讓自己快樂，也讓別人快樂，這樣的人才真正稱得上是一個智者。

即將失去的東西最誘人

一隻小狗學會挑食，除了肉什麼都不吃。

主人打算治治牠這種「富貴病」！他不再給牠任何吃的，他要餓牠個幾天，讓牠覺悟「饑不擇食」的真理。

可是這隻小狗整整了餓了一天，仍頑強地趴在地上一動也不動。主人把一盤素食放在牠面前。小狗不屑一顧。

主人一看小狗這架勢，不由得慌了手腳。再怎麼說，這隻小狗可是他「生命中的唯一」呀！

他走到小狗面前，準備結束這場對抗。就在他彎腰伸手打算撤除素食換上葷食時，局勢突然更加緊張起來！

小狗一躍而起，對著他連連咆哮，逼得他不由自主緊退幾步。小狗撲到素食跟前，三口兩口，吞食乾淨，然後心滿意足地散起步來。

每個人對於已經到手的東西都不懂得珍惜，只有當屬於自己的東西被別人覬覦時，才變得緊張，變得倍加愛惜起來。其實，這個道理很簡單，幾乎所有人都明白。然而卻很少有人能擺脫這一「宿命」。

想要打破這個定律，你必須學會給自己施加壓力和培養動力。對於已經擁有的，不時施加壓力，讓自己懂得珍惜，免得失去之時，悔之已晚；對於心底憧憬的，要不斷激發動力，爭取早日擁有它。

心理的富有

十年前的那個週末舞會，女孩子是秀髮披肩、亭亭玉立的大二學生。她像一朵六月的新蓮在沸騰的舞池中，裙子翩翩飛，飄逸而芬芳。

在眾多目光的包圍和無休無止地旋轉後，她累了，坐在一旁休息。

這時，一個男孩走過來向她微微鞠躬，伸出手。

「我可以請妳跳一支舞嗎？」他彬彬有禮，像個王子，讓人不忍拒絕。

帶著一絲疲倦，她站了起來。

當兩個人面對面地站在舞池中，靜等音樂響起的片刻，她突然發現。那個男生竟然比她還要矮。也許並不真的比她矮，但是女孩子覺得，如果這個男生與她等高，那就已經是很矮了。

「我比你還高！」女孩子輕輕地說，笑著，像小時候與小夥伴比高矮時得勝後高興的樣子。

其實她是心無城府的，因為她從小便比身邊所有的朋友長得高，已習慣了在與他們的比較中驕傲地笑。但眼前的男孩子並不是自己的朋友，只是舞會上偶爾邂逅的舞伴。

女孩子立刻為自己的口無遮攔而後悔。她的臉刷的一下紅了。

一切發生得太快了，男孩子有點不及防。

稍稍愣了一下，臉上的笑容還來不及褪去，新的一波笑意竟浮了上來。

他不慍不惱地說：「是嗎？那我迎接挑戰。」話語稍稍有點重。

女孩子無語，歉意地笑，躲過他的目光，但卻有點緊張地捕捉來自他的資訊。

就見他下意識地挺直了腰胸，輕描淡寫的說：「把我所發表過的文章墊在我的腳底下，我就比妳高了。」原來，他也有他的驕傲。

舞會後，他們成了戀人。

後來，因為陰差陽錯，他們並沒能在一起，但是，女孩卻從來沒有忘記過他，沒有忘記當年在舞會上的那一幕情景。

尤其是那兩句不卑不亢的話：「我要迎接挑戰。」「把我所發表的文章墊在我的腳底下，我就比妳高了。」

生活哲理

其實，生活中的很多事情，是不需要他人來援助的，就像痛苦和快樂。人要正視自己的生理缺陷，一個人心理的健康才是最大的富有。

困難的正面價值

有一天，素有森林之王之稱的老虎，來到了天神面前：「我很感謝您賜給我如此雄壯威武的體格、如此強大無比的力氣，讓我有足夠的能力統治這整個森林。」

天神聽了，微笑地問：「但是這不是你今天來找我的目的吧！看起來你似乎為了某事而困擾呢！」

老虎輕輕吼了一聲，說：「天神真是瞭解我啊！我今天來的確是有事相求。因為儘管我的能力再好，但是每天雞鳴的時候，我總是會被雞鳴聲給嚇醒。神啊！祈求您，再賜給我一個力量，讓我不再被雞鳴聲給嚇醒吧！」

天神笑道：「你去找大象吧！牠會給你一個滿意的答覆的。」

老虎興沖沖地跑到湖邊找大象，還沒見到大象，就聽到大象跺腳所發出的「砰砰」響聲。

老虎加速地跑向大象，卻看到大象正氣呼呼地直跺腳。

老虎問大象：「你幹嘛發這麼大的脾氣？」

大象拼命搖晃著大耳朵，吼著：「有隻討厭的小蚊子，總想鑽進我的耳朵裡，害我都快癢死了。」

老虎離開了大象，心裡暗自想著：「原來體型這麼龐大的大象，還會怕那麼瘦小的蚊子，那我還有什麼好抱怨呢？畢竟雞鳴也不過一天一次，而蚊子卻是無時無刻地騷擾著大象。這樣想來，我可比他幸運多了。」

老虎一邊走，一邊回頭看著仍在跺腳的大象，心想：「天神要我來看看大象的情況，應該就是想告訴我，誰都會遇上麻煩事，而祂並無法幫助所有人。既然如此，那我只好靠自己了！反正以後只要雞鳴時，我就當作雞是在提醒我該起床了，如此一想，雞鳴聲對我還算是有益處呢？」

生活哲理

在遇到困難時不要一味的埋怨老天的不公平，實際上，老天是最公平的，每個困境都有其存在的正面價值。

在遇到困難時好好想想它的正面價值，困難也就沒有那麼可怕了。

尊重別人的選擇

隊長在森林裡迷路三天了，筋疲力盡，最後昏倒在地上。醒來以後，他發現自己躺在一間小木屋裡。他左顧右盼，看到一位醜陋的巫婆走進門來，隊長很感激地說：「是妳救了我嗎？非常感謝妳。」

巫婆用沙啞的聲音說：「年輕人，你必須娶我，以報答我對你的恩情。」隊長一臉鐵青，但因巫婆有恩於他，所以這條命本來就該屬於她。

結婚當天，巫婆在喜宴上吃相難看，還不時發出難聽的怪聲，不知道有多少人私下竊笑，可是，為了報答救命之恩，隊長只好忍受這樣的窘境。

晚上兩人進到房間，巫婆脫下禮服，施展了一點小法術，就在那一瞬間，隊長簡直不敢相信自己的眼睛，巫婆竟搖身一變，變成一位美若天仙的少女。

她向隊長說：「因為你容忍我在喜宴中的放肆行為，我決定每天有十二小時變成少女，你可以決定是白天或是晚上，一旦決定以後就不能改變。」

隊長陷入兩難的僵局，如果選擇白天帶少女出門，可以讓旁人羨慕，但晚上卻必須和醜陋的巫婆共枕。如果選擇晚上，白天就得忍受眾人對他的指指點點，但卻可以與少女共度春宵。這兩種選擇都不是最好的，於是隊長歎息說：「我不知道該怎麼決定，這樣吧！妳自己決定要扮演什麼角色，我不干涉妳的生活。」

巫婆聽了很開心，溫柔地說：「謝謝你對我的包容，我決定，每天二十四小時都變成少女，終身與你相聚在一起。」

生活哲理

想要完全掌控對方的人，往往得不到真正的幸福。當你放手給對方自由的時候，你將會發現，幸福往往不請自來。

膽小的兔子

在森林裡，兔子的膽小是出了名的。

有一次，眾多兔子聚集在一起，為自己的膽小無能而難過，悲歎自己的生活中充滿了危險和恐懼。

牠們越談越傷心，就好像已經有許多不幸發生在自己身上，而這也就是牠們之所以成為兔子的原因。到了這種地步，負面的想像便無止境地湧現出來。

牠們怨歎自己天生不幸，既沒有力氣和翅膀，也沒有銳利的牙齒，日子只能在恐懼擔憂中度過，就連想要拋棄一切大睡一覺，也有什麼都聽得見的長耳朵來阻擾，赤紅的眼睛也就變得更加鮮紅了。

牠們覺得自己的這種生活是毫無意義的，這又成了牠們自我厭惡的根源。牠們都覺得，與其一生心驚膽顫，還不如一死了之好了。

於是，大家一致決定從山崖上跳下去了結自己的生命，結束一切煩惱。就這樣決定了，於是牠們一起齊奔向山崖，想要投河自盡。這時，一些青蛙正圍在湖邊蹲著，聽到急促的腳步聲，牠們如臨大敵般，立刻跳到深水裡逃命去了。

這是兔子每次到池塘邊都會看到的情景，但是今天，有一隻兔子突然明白了什麼，牠大聲地說：「快停下來，我們不必嚇得去尋死尋活了，因為我們現在可以看見，還有比我們更膽小的動物呢！」

這麼一說，兔子們的心情奇妙地豁然開朗起來了，好像有一股勇氣噴湧而出，於是歡天喜地回家去了。

生活哲理

不要因為我們現在的遭遇就埋怨命運不公，實際上，世界上還有很多比我們更不幸的人，想想那些更不幸的人仍舊堅強地活著，我們又為什麼不能呢？

跳下懸崖的人

有一個人在森林中漫遊時，突然遇見了一隻饑餓的老虎，老虎大吼一聲就撲了上來。他立刻用最快的速度逃開，但是老虎緊追不捨，他一直跑一直跑，最後被老虎逼到了斷崖邊。

站在懸崖邊上，他想：「與其被老虎捉到，活活被咬死，還不如跳入懸崖，說不定還有一線生機。」他縱身跳入懸崖，非常幸運地卡在一棵樹上。那是長在斷崖邊的梅樹，樹上結滿了梅子。

正在慶倖之時，他聽到斷崖深處傳來巨大的吼聲，往崖底望去，原來有一隻兇猛的獅子正抬頭看著他，獅子的聲音使他心顫，但轉念一想：「獅子與老虎同樣是猛獸，被什麼吃掉，其後果都是一樣的。」

剛一放下心，又聽見了一陣聲音，仔細一看，兩隻老鼠正用力地咬著梅樹的樹幹。他先是一陣驚慌，立刻又放下心來，他想：「被老鼠咬斷樹幹跌死，總比被獅子咬死好。」情緒平復下來後，他看到梅子長得正好，就採了一些吃起來。他覺得這一輩子從沒吃過那麼好吃的梅子，他找到一個三角形的枝幹休息，心想：「既然遲早都要死，不如在死前好好睡上一覺吧！」於是靠在樹上沉沉地睡去了。

睡醒之後，他發現老鼠不見了，老虎和獅子也不見了。他順著樹枝，小心翼翼地攀上懸崖，終於脫離了險境。原來就在他睡著的時候，饑餓的老虎按捺不住，終於大吼一聲，跳下了懸崖。

那兩隻老鼠聽到老虎的吼聲，驚慌地逃走了。跳下懸崖的老虎與崖下的獅子展開激烈的打鬥，雙雙負傷逃走了。

生活哲理

生命中總會遇上險象叢生的時候，困難和危險就像死亡一樣無法避免。既然無法避免不如放下心來安享現在擁有的一切，在無意中就會享受到生命中甜蜜的果實。

黑色氣球

有一天，幾個白人小孩在公園裡玩。

這時，一位賣氫氣球的老人推著貨車進了公園。白人小孩一窩蜂地跑了上去，每人買了一個氣球，興高采烈地追逐著放飛的氣球跑開了。

白人小孩的身影消失後，一個黑人小孩怯生生地走到老人的貨車旁，用略帶懇求的語氣問道：「您能賣給我一個氣球嗎？」

「當然可以，」老人慈祥地打量了他一下，溫和地說，「你想要什麼顏色的？」

他鼓起勇氣說：「我要一個黑色的。」

臉上寫滿滄桑的老人驚詫地看了看這個黑人小孩，隨即遞給他一個黑色的氣球。

小孩開心地接過氣球，小手一鬆，氣球在微風中冉冉升起。

老人一邊看著上升的氣球，一邊用手輕輕地拍了拍他的肩膀，說：「記住，氣球能不能升起，不是因為它的顏色，而是因為氣球內充滿了氫氣。」

生活哲理

成就與出身無關，與信心有關。

這個世界是用自信心創造出來的。有自信，積極的面對自己所擁有的一切，這種積極和自信會幫助人登上成功的山頂。

囚禁自己的章魚

一隻章魚的體重可以達七十磅。但是，如此龐大的傢伙，身體卻非常柔軟，柔軟到幾乎可以將自己塞進任何想去的地方。

章魚沒有脊椎，這使牠可以穿過只有一個銀幣大小的洞。牠們最喜歡做的事情，就是將自己的身體塞進海螺殼裡躲起來，等到魚蝦走近，就咬住牠們，注入毒液，使其麻痹而死，然後美餐一頓。對於海洋中的其他生物來說，牠可以被稱得上是最可怕的動物之一。

但是，人類卻有辦法制服牠。漁民掌握了章魚的天性，他們將小瓶子用繩子串在一起沉入海底。章魚一看見小瓶子，都爭先恐後地往裡鑽，不論瓶子有多麼小、多麼窄。

結果，這些在海洋裡無往不勝的章魚，成了瓶子裡的囚徒，變成了漁民的獵物，變成人類餐桌上的佳餚。

是什麼囚禁了章魚？是瓶子嗎？不，瓶子放在海裡，瓶子不會走路，更不會去主動捕捉。

囚禁了章魚的是牠們自己。牠們向著最狹窄的路越走越遠，不管那是一條多麼黑暗的路，即使那條路是死胡同。

生活哲理

在工作和生活中，我們經常會遇到許多羈絆和束縛，對於它們，我們毫無辦法。殊不知囚禁我們的不是別人，而是自己，是我們不健康的心態和偏激的態度把自己給困住了。

不要為打翻的牛奶哭泣

十幾歲的桑德斯經常為很多事情煩惱。他常常為自己所犯的過錯自怨自艾；交完考試卷以後，常常會半夜裡睡不著，害怕沒有考及格。他總是想那些做過的事，希望當初沒有這樣做；總是回想那些說過的話，後悔當初沒有將話說得更好。

有一天早上，全班到了化學實驗室。老師保羅・布蘭德威爾博士把一瓶牛奶放在桌子邊緣。大家都坐了下來，望著那瓶牛奶，不知道它和這堂生理實驗課有什麼關係。

過了一會，保羅・布蘭德威爾博士突然站了起來，一巴掌把那牛奶瓶打碎在水槽裡，同時大聲說道：「不要為打翻的牛奶哭泣。」

然後他叫所有的人都到水槽旁邊，好好地看看那瓶打翻的牛奶。

「好好地看一看，」他對大家說，「我希望大家一輩子都能記住這一課，這瓶牛奶已經沒有了，你們可以看到它都漏光了，無論你怎麼著急，怎麼抱怨，都沒有辦法再救回一滴。其實在打翻牛奶之前，只要先用一點思想，先加以預防，那瓶牛奶就可以保住。可是現在已經太遲了，我們現在所能做的，就是把它忘掉，丟開這件事情，只注意下一件事。」

生活哲理

不要為打翻的牛奶哭泣，要相信船到橋頭自然直，並積極的去面對下一件事情。

丟掉的兩百塊錢

羅森在一家夜總會裡吹薩克斯風，收入不高，然而，卻總是笑呵呵的，對什麼事都表現出樂觀的態度。他常說：「太陽下山了，還會再升起來，太陽升起來後，仍會落下去，這就是生活。」

羅森很愛車，但是憑他的收入想買車是不可能的。與朋友們在一起的時候，他總是說：「要是有一部車該多好啊！」眼中充滿了無限嚮往。有人逗他說：「你去買彩券吧！中了獎就有車了。」

於是他買了兩百塊錢的彩券。可能是上天憐憫於他，羅森憑著兩百塊錢一張的刮刮樂彩券，果真中了個大獎。羅森終於如願以償，他用獎金買了一輛車，整天開著車兜風，夜總會也去得少了，人們經常看見他吹著口哨在林蔭道上行駛，車也總是擦得一塵不染的。

然而有一天，羅森把車停在樓下，半小時後下樓時，發現車被偷了。

朋友們得知消息，想到他那麼愛車如命，幾百萬買的車眨眼工夫就沒了，都擔心他受不了這個打擊，便相約來安慰他：「羅森，車丟了，你千萬不要太悲傷啊！」

羅森大笑起來，說道：「我為什麼要悲傷啊？」

朋友們疑惑地互相望著。

「如果你們誰不小心丟了兩百塊錢，會悲傷嗎？」羅森接著說。

「當然不會！」有人說。

「是啊，我丟的就是兩百塊錢啊！」羅森笑道。

生活哲理

換一個角度，就能得到快樂。丟掉生活中的負面情緒，要有一種認識挫折和煩惱的胸懷。

調整自己的心態

一個人被煩惱纏身，於是四處尋找解脫煩惱的祕訣。

有一天，他來到一個山腳下，看見在一片綠色草叢中，有一位牧童騎在牛背上，吹著悠揚的橫笛，逍遙自在。他走上前去問道：「你看起來很快活，你能教我解脫煩惱的方法嗎？」

牧童說：「騎在牛背上，笛子一吹，什麼煩惱都沒有了。」

他試了試，卻無濟於事。於是，又開始繼續尋找。

不久，他來到一個山洞裡，看見有一個老人獨坐在洞中，面帶滿足的微笑。

他深深的鞠了一個躬，向老人說明來意。老人問道：「這麼說你是來尋求解脫的？」

他說：「是的！懇請不吝賜教。」

老人笑著問：「有誰綁住你了嗎？」

「……沒有。」

「既然沒有人綁住你，何談解脫呢？」

他驀然醒悟。

生活哲理

由於我們的心態沒有調整好，煩惱也就一個跟著一個而來，實際上，大多數的煩惱都是無中生有。把心態調整好，問題會變得很簡單，煩惱也就不驅而散。

斷尾求生的壁虎

一隻小壁虎被蛇咬住了尾巴，牠拼命地掙扎。

尾巴斷了，小壁虎得以逃命。

一位農夫見了，對小壁虎說：「你這可憐的小東西，剛斷了尾巴，是不是很痛啊！」

小壁虎含淚點了點頭。

「來，我給你包紮上，這草藥是止痛用的。」農夫拿出一包草藥說。

「不，我很感謝這疼痛，因為痛讓我知道自己還活著，而且，你包紮了我的傷口，它怎麼能長出新的尾巴來呢？」

說完，小壁虎帶著錐心的疼痛爬走了。

生活哲理

痛苦帶給人們的不一定是負面效應，有時痛苦也孕育著希望，能感覺到痛苦，就説明還有知覺，還有活下去的希望，這個時候，能夠痛苦豈不是一件很令人開心的事情？

富翁與窮人

每天上午十一點，都會有一輛耀眼的汽車穿過紐約市的中心公園。車裡除了司機，還有一位主人，無人不曉的百萬富翁。

這位百萬富翁發現，每天上午都有一位衣著襤褸的人，坐在公園的椅子上，目不轉睛的盯著他住的酒店。有一天，百萬富翁對這個人產生了極大的興趣，他讓司機停下車並走到那人的面前說：「請原諒，我不明白你為什麼每天上午都盯著我住的酒店看。」

「先生，」窮人說，「我沒錢、沒家、沒住宅，只能睡在這條長椅子上，不過，每天晚上我都夢到住進了那家酒店。」

百萬富翁覺得很有趣，於是對那人說：「今天晚上我就讓你如願以償。我為你在酒店訂一間最好的房間，並支付一個月房費。」

幾天後，百萬富翁路過窮人住的酒店套房，想順便問一問他是否覺得很滿意。然而，他發現那人已搬出了酒店，重新回到公園的長椅子上了。

百萬富翁來到公園，詢問窮人為什麼要這樣做時，窮人回答道：「一旦我睡在長椅子上，我就夢見我睡在那家豪華的酒店，真是妙不可言；但我睡在酒店裡的時候，我卻夢見我又回到了冷冰冰的長椅子上，這夢真是可怕極了，以致完全影響了我的睡眠！」

生活哲理

患得患失是最要不得的，不要讓毫無根據的想像破壞美好的一切，也不要靠著美好的不存在的東西生存。不管現實如何，積極面對自己所擁有的一切才是最佳的選擇。

百萬身價

一個老人在一條小河邊，遇見一位憂鬱的年輕人。這年輕人唉聲歎氣，滿臉愁雲慘霧。

「孩子，你為何如此悶悶不樂呢？」老人關切地問。

年輕人看了老人一眼，歎了口氣：「我是一個名副其實的窮光蛋。我沒有房子，沒有老婆，更沒有孩子。我也沒有工作，沒有收入，整天饑一頓飽一頓的度日，老人家，像我這樣一無所有的人，怎麼能高興得起來呢？」

「傻孩子，」老人笑道：「其實，你應該開懷大笑才對！」

「開懷大笑？為什麼？」年輕人不解地問。

「因為，你其實是一個百萬富翁呢！」老人有點兒詭異地說。

「百萬富翁？老人家，您別拿我這窮光蛋尋開心了。」年輕人不高興了，轉身欲走。

「我怎敢拿你尋開心？孩子，現在，你能回答我幾個問題嗎？」

「什麼問題？」年輕人有點好奇。

「假如，現在我出二十萬元，買走你的健康，你願意嗎？」

「不願意。」年輕人搖搖頭。

「假如，現在我再出二十萬，買走你的青春，你願意嗎？」

「當然不願意！」年輕人乾脆地回答。

「假如，我再出二十萬，買走你的美貌，你可願意？」

「不願意！當然不願意！」年輕人的頭搖得像個撥浪鼓般。

「假如，我再出二十萬，買走你的智能，讓你從此渾渾噩噩，度此一生，你可願意？」

「傻瓜才願意。」年輕人一轉頭，又想走開。

「別慌，請回答完我最後一個問題。假如現在我再出二十萬元，讓你去殺人放火，讓你從此失去良心，你可願意？」

「天哪！做這種缺德事，魔鬼才願意。」年輕人憤憤道。

「好了，剛才我已經開價一百萬元，仍然買不走你身上的任何東西，你說，你不是百萬富翁，又是什麼？」老人微笑著問。

年輕人恍然大悟。

他笑著謝過老人的指點。從此，他不再歎息，不再憂鬱，微笑的尋找他的新生活去了。

生活哲理

如果每一個人都有自己的抱負並為之努力，這世界就不會再有窮人。人生的悲哀，不在於沒有擁有財富，而在於沒有意識到自己所擁有的財富。

曾經自卑

十幾年前，他從一個僅有二千多人口的偏僻部落考進了國立大學。上學的第一天，他鄰桌的女同學第一句話就問他：「你從哪裡來？」而這個問題正是他最忌諱的，因為在他的邏輯裡，出生於偏僻的部落，就意味著沒見過世面，肯定會被那些來自各大都市的同學瞧不起。

就因為這個女同學的問話，使他一整個學期都不敢和同班的女同學說話，以致在整個學期結束的時候，很多同班的女同學都不認識他！

很長一段時間，自卑的陰影都佔據著他的心靈。

最明顯的表現就是每次照相，他都會下意識地戴上一個大墨鏡，以掩飾自己內心的自卑。

二十年前，她也在北部的一所國立大學裡上學。

大部分的日子，她也都在懷疑、自卑中度過。她懷疑同學們會在暗地裡嘲笑她，嫌她肥胖的樣子太難看。

她不敢穿裙子，不敢上體育課。大學結束的時候，她差點兒畢不了業，不是因為功課太差，而是因為她不敢參加體育長跑測試。

老師說：「只要妳跑了，不管多慢，都算妳及格。」可她就是不跑。她想跟老師解釋，她不是在抗拒，而是因為恐慌，恐懼自己肥胖的身體跑起步來一定非常的愚笨，一定會遭到同學們的嘲笑。可是，她連向老師解釋的勇氣也沒有，茫然不知所措，只能傻乎乎地跟著老師走。老師回家做飯去了，她也跟著。最後老師煩了，勉強算她及格。

在最近播出的一個電視晚會上，她對他說：「要是那時候我們是同學，可能是永遠不會說話的兩個人。你會認為，人家是北部都市裡的女孩，怎麼會瞧得起我呢？而我則會想，人家長得那麼帥，怎麼會看得上我呢？」

他，現在是某電視臺著名的節目主持人，經常對著全國電視機前的觀眾侃侃而談，他主持節目給人印象最深的特點就是從容自信。

她，現在也是某電視臺著名節目主持人，而且是第一個完全依靠才氣，而絲毫沒有憑藉外貌得到電視節目主持棒的人。

原來那些活躍在電視螢光幕前的人也會自卑，原來自卑是可以徹底擺脫的。

生活哲理

有些不足是可以改變的，有些不足是無法改變的。能改變的就改變，不能改變的就忘掉。拿自己的不足與人比就容易自卑，為何不看到自己的優點呢？

天才來自勤奮

一位魔術大師在蘇丹面前表演魔術，他的精采表演深為蘇丹讚賞，蘇丹稱他為天才。

可是一位大臣說：「陛下，大師不是從天上掉下來的，這位大師的技藝，是他勤奮練習的結果。」

蘇丹被臣子反駁之後，感到大為掃興，於是他輕蔑地對他大喊道：「你沒有任何天才，你到城堡裡去吧！在那裡你可以好好考慮我的話。為了不讓你感到寂寞，送你二隻小牛犢做伴。」

從到牢房的第一天起，這位大臣就練習抱著小牛犢，從下面的臺階一直走到塔樓。幾個月後，小牛犢長成了一頭很結實的公牛，大臣的力氣也大增。

一天，蘇丹突然想起他的大臣還在監牢裡，於是就去看他。當蘇丹看到他時，非常驚訝：「真主呀！這是多麼神奇，多麼不可思議呀！」

這位大臣，用雙手扛著一頭大牛，對蘇丹說了從前說過的話：「陛下，大師不是從天下掉下來的。我的力量是我勤奮練習的結果。」

沒有苦，就沒有甜，不靠勤勞的雙手，靠別人的施捨，終究是個「奴僕」。

阿拉伯有一位著名的馴馬師，他馴出來的馬甚至被稱為神馬。熟悉馴馬師的人都知道，每天早上，馴馬師會指揮著一群馬繞圈子跑，這其中有雄健的大馬，也有很小的幼馬。馴馬師的助手，則一邊呵斥著馬，一邊抓著馬鞍左右跳躍，看起來活像馬戲團的特技表演。到了中午，沙漠的太陽正毒，馴馬師卻和他的助手騎著馬向沙漠遠方奔去，下午四點，當他們返回時，人們才發現他們每個人的手上都拿著一把彎刀，彷彿出征歸來的樣子。

有人問馴馬師：「你為什麼要叫許多馬繞圈子呢？」

馴馬師說：「因為我要讓那些小馬，跟在大馬身後，學習聽口令和順服。沒有大馬的帶領，小馬是很難教的。如果我是老師，大馬就是家長，我在學校教導，父母在家中帶領，任何一方都不能少。」

「那你的助手為什麼要抓著馬鞍左右跳躍呢？」

「那是在教馬學會平衡，維持穩定。」

「至於中午的時候騎馬出去，」馴馬師接著說，「那是因為中午天氣最為炎熱，讓馬在一望無際、其熱如焚的沙漠裡奔跑，這是一種磨煉，經得起磨練的才能成為千里馬。而彎刀，是我們故意舞給馬看的，用閃爍的刀光刺激馬的眼睛，發出強烈的音響。經歷這種場面，還能鎮定自若的，才能成為最好的戰馬。」

生活哲理

一滴汗水，一份收穫，世上沒有輕而易舉就能得到的本領，天才來自於勤奮。人的成長與馴馬是相同的道理的，正如俗語所說，「自在不成人，成人不自在，不受苦中苦，難為成功人。」

從容面對挫折

那年的耶誕節剛好是星期天，因此，平常周日晚上原有的青少年團體便準備大肆慶祝。那天早上聚會後，一位有兩個十幾歲女兒的母親過來問羅伯特，當晚是否能幫忙找人載兩個女兒來教堂。她已經離婚了，是個單親媽媽，她討厭晚上開車，尤其當天晚上可能會下冰雹。於是羅伯特便答應要負責接送女孩們參加聚會。

那晚羅伯特開車返回教堂的途中，兩個女孩就坐在羅伯特旁邊，他們開上斜坡時，眼看著前面幾輛車撞在一起了，但因為天氣實在太冷了，路上結冰，車子加速滑行，他們根本停不下來，眼睜睜地看著車子撞到前車的車尾。他趕緊轉頭看看她們是否安全無恙，坐在後座的女孩尖叫：「哦！唐娜！」羅伯特轉頭看發生了什麼事，那時並沒有強制要求要繫上安全帶，她的臉撞到擋風玻璃，當她彈回座位時，玻璃碎片割破了她的左臉頰，留下兩道血流如注的傷痕，慘不忍睹。

幸運的是，附近的住家有急救箱，他們迅速用紗布止住血流，受理調查的員警說這場意外無法避免，沒有人必須負肇事責任，但羅伯特還是覺得很難過，一個花樣年華的十六歲少女，臉上必須終身帶著疤痕，而且是在他的照料之下發生的。

唐娜被送進急診室後，馬上被送到醫生那邊去縫合傷口。時間似乎過了很久，羅伯特不禁憂心如焚，問護士為什麼這麼慢。她說值班的醫生剛好是位整型外科醫師，他慢工出細活，這也表示疤痕會減到最小，羅伯特想上帝畢竟還是會來收拾殘局的。

羅伯特害怕到醫院探望唐娜，怕她會對自己發脾氣，怪罪於他。由於那時是聖誕假期，醫師會盡可能讓病人回家，也會儘量延後所有的外科手術。因此，唐娜病房的樓層並沒有太多病患。羅伯特問護士唐娜的狀況如何，她笑著回答說唐娜很好。事實上，她像一道陽光般，帶給大家歡樂。她似乎很快樂，不停地問些醫療過程的問題，護士確定這一樓層沒有太多病人，所以一有空，就找藉口到唐娜的病房找她聊天。

羅伯特告訴唐娜，他對這件事深感抱歉，她說沒關係，她可以用粉餅遮蓋臉上的疤痕。然後她以興奮的口吻解釋著護士在做什麼、為何那樣做，護士們則圍在床邊笑著，唐娜似乎也很開心，這是她第一次住院，但她對醫院很感興趣。

返回學校後，唐娜成為大家注意的焦點，因為她一再描述撞車的經過以及她在醫院裡的情形。她母親及妹妹也沒有責怪羅伯特，甚至還謝謝羅伯特那晚照顧她們。唐娜的臉並沒有損毀，而且可以確定的是，粉餅幾乎可完全蓋住疤痕，這才讓羅伯特稍稍釋懷，不過這個漂亮女孩的臉上帶著疤痕還是令人難過。

一年後，羅伯特遷居到別的城市，與唐娜一家人失去聯繫。

十五年後，羅伯特應邀到原來的教會做一系列的演講，最後一晚，羅伯特注意到唐娜的母親排在人群中，等著與他道別。車禍往事、血流、疤痕等記憶在他腦海翻攪，他不禁感到有點顫抖。唐娜的母親站在羅伯特面前，臉上堆滿笑容，她問羅伯特知不知道唐娜的近況時，幾乎笑得合不攏嘴。羅伯特說不知道。心想她是否還記得她對護士做的事很感興趣？

然後她母親接著說：「唐娜後來決定去當護士，她考上護理系接受實習訓練，並以優異的成績畢業，在醫院找到好工作，然後認識一位年輕醫生，他們墜入情網，快樂地結婚，生了兩個漂亮的小孩，她要我告訴你，那次意外是她一生中最美好的事。」

生活哲理

上帝既是公平的，也是仁慈的。厄運不會長久糾纏，苦難會成為新的契機。所以說，人要學會從容面對生命中的挫折。

生活簡簡單單，

Life is Simple,
Happiness is Plain

幸福平平淡淡

Chpater 02

人生
樂觀

最巧嘴的鳥兒

從前，八哥的鳴叫聲十分的嘶啞難聽，叫起來與烏鴉和貓頭鷹的叫聲差不多，任誰聽了都會厭惡地搖起頭來，咒罵他：「不祥的鳥兒，快點走開！」

自從他得到了一枝萬能的金笛之後，一下子變成一隻最巧嘴的鳥兒，唱起歌來美妙動聽，人人稱頌！

八哥是怎樣得到萬能的金笛的呢？是這麼一回事，有一天百鳥正在山林中聚會，突然從天上飄下一枝金笛落在他們當中。

這枝金笛能發出最美的聲音，奏出的樂曲格外悠揚、動聽！而且能巧妙地模仿人的語言，當然更能模仿各種鳥兒美妙的啼鳴聲。

這枝金笛應該交給誰來使用？鳥兒們開了個會議認真地討論：誰的鳴叫聲最難聽、最不受歡迎，就把金笛交給牠，彌補牠命運中的不幸。

鳥兒們決定發揚民主，由大家來推薦，再加上自己的申請。

於是大家就開始了評議，推薦出的對象是：烏鴉、八哥和貓頭鷹。

烏鴉頭一個提出了抗議：「你們的評議太不公平！誰敢說我的叫聲不受歡迎？我看吶，我的嗓子比你們任何一個都悠揚動聽！」烏鴉陶醉著。當他發現別人對他的話很不以為然時，他勃然大怒：「你們這是對我最大的污蔑，我要向鳥王的法庭提出訴訟！我聲明我堅決不要這枝金笛，我看，還是把金笛送給八哥或貓頭鷹吧！」

貓頭鷹也憤怒地高聲大喊：「難道說我就是好欺負的孬種嗎？我的叫聲比起你們也不差，雖說比不過金鈴，但也能賽過銀鈴！誰敢說我的叫聲不受歡迎？我看吶，人們都對我十二萬分地尊敬！我也聲明堅決不要這枝金笛，我提議還是把金笛送給八哥使用！」

就剩八哥沒表態了，這時八哥點了點頭連聲說：「我的短處我自己知道得最清楚，我的嗓子嘶啞，叫聲很不好聽，到處都惹人討厭，不受人歡迎，就請把這枝金笛交給我吧！我感謝大家對我的一片盛情。」

於是，就結束了這場評議，萬能的金笛就到了八哥的手中。從此八哥就變成了一隻最巧嘴的鳥兒，到處受人歡迎，到處被人稱頌！

烏鴉和貓頭鷹拒絕把自己的短處換成長處，所以至今仍讓人厭惡不已。

生活哲理

不要迴避自己的缺點，只有勇於面對自己的不足，才能不斷地進步。

自信的流浪漢

有一個經理，他把多年以來的所有積蓄全部投資在一項小型製造業。由於世界大戰的爆發，他無法取得他的工廠所需要的原料，只好宣告破產。

金錢的喪失、工廠的倒閉，使他大為沮喪。他認為是他把家人害得沒有了這一切，於是他離開妻子兒女，成為一名流浪漢。

過去的一切常一幕幕的在他腦海裡上演，他對於這些損失無法忘懷，老是徘徊在過去，不肯為今後的日子打算，而且越來越難過。到最後，甚至想要跳湖自殺。

在一個偶然的機會裡，他看到了一本名為《自信心》的書。這本書的內容說的全是有關於怎麼樣才能把人的自信心建立起來，在你的生活、工作崩潰了以後，如何重新恢復信心。

當他看完之後，重新擁有了勇氣和希望，他決定找到這本書的作者，請作者幫助他再度站起來。

於是，他便四處打聽，終於被他打聽到了。

當他找到作者，說完他的故事後，那位作者卻對他說：「我已經盡我最大的興趣聽完了你的故事，我希望我能對你有所幫助，但事實上，我沒有能力幫助你。」

他的臉立刻變得蒼白，默默地呆了幾分鐘，然後低下頭，喃喃自語地說道：「這下完蛋了。」

作者停了幾秒鐘，然後說道：「雖然我沒有辦法幫你，但我可以介紹你去見一個人，他可以協助你東山再起。」

剛說完這幾句話，流浪漢立刻跳了起來，抓住作者的手，說道：「看在老天爺的份上，請帶我去見這個人。」

於是他便跟著作者走到裡面的臥室，作者把他帶到一面高大的鏡子面前，用手指著說：「我介紹的就是這個人。在這世界上，你只有靠這個人的幫助才能夠東山再起。但是你必須安靜地坐下來，好好地看清楚他，徹底地認識他，否則你只能跳到密西根湖裡。因為在你對這個人有充分的認識之前，對於你自己或這個世界來說，你都將是個沒有任何價值的廢物。」

這個人朝著鏡子向前走幾步，用手摸摸他長滿鬍鬚的臉孔，對著鏡子裡的人從頭到腳打量了幾分鐘，然後退幾步，低下頭，開始哭泣起來。等了一會兒，他就走了，也沒對作者說什麼。

幾天後，這個人終於出現在街上，作者在街上碰見了這個人時，幾乎認不出來了：他的步伐輕快有力，頭抬得高高的，他從頭到腳煥然一新，看來很成功的樣子。

作者看到後，有點兒不敢相信自己的眼睛，走過去打了個招呼。

當初的流浪漢很興奮地說道：「那一天我離開你的辦公室時還只是一個流浪漢。我對著鏡子找到了我的自信。現在我找到了一份年薪一萬五千美元的工作。我的老闆先預支一部分錢給我的家人。我現在又走上成功之路了。」頓了頓，接著他又風趣地對作者說：「我正要前去告訴你，將來有一天，我還要再去拜訪你一次。我將帶一張支票，簽好字，收款人是你，金額是空白的，由你填上數字。因為你使我認識了自己，幸好你要我站在那面大鏡子前，把真正的我指給我看。」

生活哲理

自信心是一個人做事情與活下去的支撐力量，沒有了它，就等於自己給自己判了死刑。

有了這種自信，才能充分認識自己，使自己能夠承受各種考驗、挫折和失敗，敢於去爭取最後的勝利。

微小的勇氣

古老的印度，一直流傳著一個美麗的故事，那是個有關一隻小松鼠的深刻寓言。

森林中所有的小動物，一直都快樂地生活著。這片雄壯的森林，從來沒有發生過什麼大的變故，即使間或有幾隻猛獸經過，小動物們也都懂得將自己妥善地藏匿起來，不至於成為猛獸口中的食物，所以這些小動物們，大都能夠在森林中怡然自得地直到終老。

一日，天神心血來潮，想要測試森林中動物對於危機的應變能力，便從空中揮下了一道閃電；刺眼的電光擊中森林中最大的一株樹木，頓時燃起熊熊的大火。這陣森林大火一發不可收拾，火舌立刻四處飛竄，席捲了森林中無數樹木的枝葉，同時也威脅到所有小動物的生命安全。

驚慌的動物們拼命向森林的外緣奔逃，希望能逃出這場大火造成的劫難。但牠們卻不知道，當閃電擊中那棵大樹，大火燃起的同時；在森林四周，早已被大火引來了無數貪婪的肉食猛獸，牠們也正張開大口、流著饞涎，等候這些小動物們自己送上門來。

在這片森林的所有動物當中，只有一隻小松鼠和其他的動物不同。牠非但不選擇逃難，反倒奮不顧身地向著大火衝了過去。

小松鼠在森林中找到一個即將被烈火烤乾的水塘中，將自己瘦小的身子完全沾濕，然後再衝進火場，拼命抖灑著身上沾附的水珠，希望能緩解正在毀滅森林的火勢。

這時，天神化身成為一位老人，站在小松鼠的身前，問道：「孩子，你難道不知道？像這樣的做法，對這場大火而言，是根本無法造成任何影響的」。

小松鼠那條蓬鬆而美麗的大尾巴，已經被炙熱的樹枝烙印出三條黑色的焦痕，但牠仍是賣力地用身體沾水、試圖滅火；百忙中還對天神化身的老者說道：「也許以我的力量不足以滅火，但我相信憑著我的努力，至少可以減少森林中幾隻小動物的喪生啊！而且，或許因為我的執著，還有可能感動天神，讓祂降下甘霖，滅了這場要命的大火也說不定」

只聽得老者哈哈一聲大笑，小松鼠的周遭突然變得清涼無比，大火在一瞬間消失無蹤；天神接著伸出手來，在小松鼠燒傷的尾巴上輕撫了一下，頓時焦痕變成了三道奇幻瑰麗的花紋，這就是印度最美的三紋松鼠神奇而美麗的由來。

生活哲理

懂得放棄的人，才能得到真正的快樂，因為你每次想得到一樣東西，就會有一次煩惱。得到了，痛快一時；得不到，卻要痛苦一生。何苦呢？人生在世短短幾十年，沒有必要為了得到什麼而在意，而應該去想想我們做過什麼，過程遠比結果重要。

快樂的小王子

從前在遙遠的國度中，住著一位小王子。他是有史以來最快樂的小王子之一。每一天他都快樂地大聲歡笑、唱歌和遊玩。他的聲音就像音樂一般地甜美。不論他走到哪裡，都帶給大家快樂。每個人都認為這是因為魔法的關係。

在小王子的脖子上掛著一條金色的項鏈，上面有一顆神奇的心。那顆心也是用黃金打造的，並鑲有貴重的寶石。那是在小王子很小的時候，褓姆送給他的。在她把這條鏈子戴在小王子那頭滿捲髮的小腦瓜時，曾說：

「戴著這顆快樂的心，會讓王子永遠快樂。要小心，別弄丟了。」

所有照顧小王子的人，都會小心地把那條有快樂的心的項鏈緊緊地扣上。但是有一天，他們發現小王子在花園中，顯得非常地悲傷、憂愁。他的臉緊緊地皺成一團。

「你們看。」他說，並指指他的脖子。

然後，大家就知道發生了什麼事。

快樂的心不見了！大家都找不到它，小王子一天比一天更加悲傷。有一天，小王子不見了。他自己一個人離開了，去尋找那顆他極珍愛的遺失的快樂的心。

小王子找了一整天。他在城裡的街道上和鄉間的小路上搜尋。他在店鋪裡搜尋也在富人居住的花園裡張望。但是，到處都找不到他那顆遺失的心。到了傍晚，他又累又餓。他未曾走過這麼遠的路，也從來不會感到這麼不快樂。

太陽下山時，小王子來到一棟位於森林邊緣的小屋子前，屋子看起來非常破舊，有一道燈光從窗戶中投射出來。

他以一個王子的身份，打開門閂，走進去。

屋裡有一位母親正在哄小嬰兒睡覺，父親正在大聲地朗讀一個故事，小女孩正在布置晚餐的餐桌，和小王子年齡相仿的小男孩正在生火。

母親穿的衣服非常老舊，而他們的晚餐只有麥片粥和馬鈴薯，爐火也很小，但是一家人有著小王子所渴望的那種快樂。

孩子們光著腳，臉上卻掛著笑容。而母親的聲音是那麼的甜美！

「你要和我們一起吃晚餐嗎？」他們問。

他們似乎沒有注意到王子那張皺成一團的臉。

「你們快樂的心在哪裡？」王子問他們。

「我不知道你在說什麼。」男孩子和女孩說。

「為什麼？」王子說，「你們每個人都像脖子上戴了快樂的金鍊子一樣，這麼快樂。我也想像你們一樣。你們快樂的金鍊子在哪裡？」

啊！這些孩子們開心得大笑！

「我們不需要戴快樂的金鍊子，」他們說。「我們都深深愛著其他的家人。我們在遊戲時把這間屋子當成城堡，而且我們用火雞和霜淇淋當晚餐。晚餐後，媽媽會為我們說故事。我們只需要這些就可以很快樂了。」

「我要留下來和你們一起用晚餐。」小王子說。

他把小屋子當成是城堡，把麥片粥和馬鈴薯當作是火雞和霜淇淋。他幫忙洗碗盤，然後他們都坐在火爐前。他把小小的爐火看成是燒得又旺又大的火焰，還一邊聽母親說著仙女的故事。

突然，小王子開始笑了。他的笑容就像以往那般幸福，他的聲音也再次像音樂一般甜美。

這個晚上，他過得非常快樂。然後，男孩子陪著他走向回家的路。當他們就快抵達皇宮大門時，王子說：

「真奇怪，但我真的覺得好像已經找到了我快樂的心。」

男孩子笑了起來。

「有什麼好奇怪的，你是已經找到了，」他說，「只不過現在你把它戴在身體裡面了。」

生活哲理

生活本身就是在許多的辛苦和煩惱中繼續的，從痛苦中瞭解人生的真諦，從苦難中取得生存的經驗，從愁怨中得到快樂的源泉，善於超越苦難，超越自我。

笑對人生，陽光會更燦爛；怨天尤人，快樂也會成為煩惱，為什麼不去收穫快樂而要煩惱悲歎呢？

秀才與屠夫

清朝初期，有一年正值趕考時節，一位秀才欲赴省城大考，偏偏在這個時候，大肚子的妻子隨時可能臨盆。

秀才心想，留她一人在家，萬一臨盆了，沒人照應到時候可能會一屍兩命，再者也影響自己考試的心情，於是他便帶著妻子同行，希望能趕到省城之後才生產。

一路旅途勞頓，也不知是動了胎氣，還是孩子急著想早一刻出來，妻子竟在半途肚子痛了起來，眼看就要生產了。

沿途住家稀少，勉強前行了一段路，才找到一處人家，秀才急忙上前敲門。這戶人家是以殺豬為生，剛巧屠夫的老婆也正要生產。算來也是秀才的運氣好，現成的接生婆正好順道幫妻子接生。

過不多時，秀才的妻子和屠夫的老婆安然產下了兩個兒子，母子俱皆平安。兩個男嬰算來竟是同年同月同日且同一時辰生下的。

一轉眼，十六年過去了。

秀才和屠夫的兒子都長大了，秀才的兒子繼承了父業，考上了秀才。老秀才大喜之餘，想起屠夫的兒子與自己的秀才兒子的生辰八字相同，想來此時必定也是個秀才了。

回想當年收容妻子臨盆之恩，秀才便準備了一些禮物，專程趕往屠夫家中，欲向他道賀兒子高中之喜。

等到了屠夫家中，只見老屠夫坐在門口吸著煙，屋內一個年輕人，正忙著殺豬。

秀才將禮物呈上，並問老屠夫的兒子哪裡去了。老屠夫指了指門內，說道：「喏，不就在那兒，哪裡也沒去啊！」

秀才詫異道：「是他，這可奇怪了。按命理說來，你兒子和我兒子生辰時刻相同，八字也一樣，理應此時也該是個秀才才是，怎麼會……」

屠夫大笑：「什麼秀才，這小子從小跟著我殺豬，大字也不識一個，拿什麼去考秀才啊！」

生活哲理

人的命運不是上天能夠安排的，人的命運是由周圍的環境決定的，要想改變自己的命運，只有先改變生存的環境。如果你真的無法改變環境，至少你要改變心境，這樣才能改變自己的命運。

三次進京趕考的秀才

有位秀才第三次進京趕考，住在之前投宿過的店裡。考試前兩天他做了三個夢，第一個夢是夢到自己在牆上種白菜，第二個夢是下雨天，他戴了斗笠還打傘，第三個夢是夢到跟心愛的表妹脫光了衣服躺在一起，但是背靠著背。

這三個夢似乎有些涵意，秀才第二天就趕緊去找算命的解夢。算命的一聽，連拍大腿說：「你還是回家去吧！你想想，高牆上種菜不是白費勁嗎？戴斗笠打雨傘不是多此一舉嗎？跟表妹都脫光躺在同一張床上了，卻背靠背，不是沒戲唱嗎？」

秀才一聽，心灰意冷，回店收拾包袱準備回家。

店老闆非常奇怪，問：「不是明天才考試嗎，你怎麼今天就要回鄉了？」

秀才如此這般說了一番，店老闆樂了：「喲，我也會解夢。我倒覺得，你這次一定要留下來。你想想，牆上種菜不是高種嗎？戴斗笠打傘不是說明你這次有備無患嗎？跟你表妹脫光了背靠背躺在床上，不是說明你翻身的時候就要到了嗎？」

秀才一聽，更有道理，於是精神振奮地參加考試，居然中了探花。

生活哲理

積極的人，像太陽，照到哪裡哪裡亮，消極的人，像月亮，初一、十五不一樣。想法決定我們的生活，有什麼樣的想法，就有什麼樣的未來。

女孩的蝴蝶結髮夾

珍妮是個總愛低著頭的小女孩，她一直覺得自己長得不夠漂亮。

有一天，她到飾品店去買了一枝綠色蝴蝶結髮夾，店主不斷讚美她夾上蝴蝶結髮夾看起來更漂亮了，珍妮雖不信，但是還是覺得高興，不由昂起了頭，因為急於讓大家看看，出門時與人撞了一下也都沒在意。

珍妮走進教室，迎面遇見了她的老師，「珍妮，妳昂起頭來真美！」老師輕輕的拍拍她的肩說。

那一天，她得到了許多人的讚美。

她想一定是蝴蝶結髮夾的功勞，可是往鏡前一照，頭上根本就沒有蝴蝶結髮夾，一定是走出飾品店時與人一撞弄丟了。

生活哲理

別看牠是一條黑母牛，牛奶一樣是白的。

自信原本就是一種美麗，而很多人卻因為太在意外表而失去很多快樂。

無論是貧窮還是富有，無論是貌若天仙，還是相貌平平，只要你昂起頭來，快樂會使你變得可愛——人人都喜歡的那種可愛。

為生命畫一片樹葉

美國作家歐・亨利在他的小說《最後一片葉子》裡，說了這麼一個故事：

病房裡，一個生命垂危的病人從房間裡看見窗外的一棵樹，樹葉在秋風中一片片地掉落下來。

病人望著眼前的蕭蕭落葉，身體也隨之每況愈下，一天不如一天。她說：「當樹葉全部掉光時，我也就要死了。」

一位老畫家得知後，畫了一片葉脈青翠的樹葉掛在樹枝上。

最後一片葉子始終沒掉下來。

只因為生命中的這片綠，病人竟奇蹟般地活了下來。

生活哲理

只要心存相信，總有奇蹟發生，希望雖然渺茫，但它永存人世。

人生可以沒有很多東西，卻唯獨不能沒有希望。有希望之處，生命就會生生不息！

蜘蛛結網

一天，我發現一隻黑蜘蛛在後院的兩簷之間結了一張很大的網。難道蜘蛛會飛？不然，從這個簷頭到那個簷頭，中間有一丈餘寬，第一根線是怎麼拉過去的？

後來，我發現蜘蛛走了許多彎路——從一個簷頭起，打結，順牆而下，一步一步向前爬，小心翼翼，翹起尾部，不讓絲沾到地面的沙石或別的物體上，走過空地，再爬上對面的簷頭，高度差不多了，再把絲收緊，以後也是如此。

生活哲理

信念是一種無堅不催的力量，當你堅信自己能成功時，你必能成功。

蜘蛛不會飛翔，但牠能夠把網凝結在半空中。牠是勤奮、敏感、沉默而堅韌的昆蟲，牠的網織得精巧而規矩，八卦形地張開，彷佛得到神助。這樣的成績，使人不由想起那些沉默寡言的人，和一些深藏不露的智者。於是，我記住了蜘蛛不會飛翔，但牠照樣能把網結在空中。奇蹟是執著者造成的。

人生的坐票

有一個人經常出差，經常買不到對號入座的車票。可是無論長途短途，無論車上多擠，他總能找到座位。

他的辦法其實很簡單，就是耐心地一節車廂一節車廂找過去。這個辦法聽上去似乎並不高明，但卻很管用。

每次，他都做好了從第一節車廂走到最後一節車廂的準備，可是每次他都用不著走到最後就會發現空位。

他說，這是因為像他這樣鍥而不捨找座位的乘客實在不多。經常是在他落座的車廂裡尚餘若干座位，而在其他車廂的走道和車廂接頭處，居然人滿為患。

他說，大多數乘客輕易的就被一兩節車廂擁擠的表面現象給矇騙了，不會去細想在數十次停站之中，從火車十幾個車門上上下下的流動中蘊藏著不少提供座位的機遇；即使想到了，他們也沒有那一份尋找的耐心。眼前一方小小立足之地很容易讓大多數人滿足，為了一、兩個座位背負著行囊擠來擠去有些人也覺得不值。他們還擔心萬一找不到座位，回頭連個好好站著的地方也沒有了。

這與生活中一些安於現狀不思進取害怕失敗的人一樣，永遠只能停滯在沒有成功的起點上，這些不願主動找座位的乘客，大多只能在上車時最初的落腳之處一直站到下車。

生活哲理

生活真是有趣：如果你只接受最好的，你經常會得到最好的。

自信、執著、富有遠見、勤於實踐，會讓你握有一張人生之旅永遠的坐票。

心中的頑石

從前有一戶人家的菜園裡擺著一顆大石頭，寬度大約有四十公分，高度有十公分。到菜園裡的人，一不小心就會踢到那一顆大石頭，不是跌倒就是擦傷。

兒子問：「爸爸，那顆討厭的石頭，為什麼不把它挖走？」

爸爸這麼回答：「你是說那顆石頭嗎？從你爺爺時代，就一直放到現在了，它的體積那麼大，不知道要挖到到什麼時候，沒事無聊挖石頭，不如走路小心一點，還可以訓練一下你的反應能力。」

過了幾年，這顆大石頭留到下一代，當時的兒子娶了媳婦，當了爸爸。

有一天媳婦氣憤地說：「爸爸，菜園那顆大石頭，我越看越不順眼，改天請人搬走好了。」

爸爸回答說：「算了吧！那顆大石頭很重的，可以搬走的話在我小時候就搬走了，哪會讓它留到現在啊？」

媳婦心底非常不是滋味，那顆大石頭不知道讓她跌倒多少次了。

有一天早上，媳婦帶著鋤頭和一桶水，媳婦將整桶水倒在大石頭的四周。

十幾分鐘以後，媳婦用鋤頭把大石頭四周的泥土翻鬆。

媳婦早有心理準備，可能要挖上一整天，但誰都沒想到才幾分鐘的工夫就把石頭挖起來了，看看大小，這顆石頭也沒有想像中的那麼大，大家都是被那個巨大的外表矇騙了。

生活哲理

阻礙我們去發現、去創造的，僅僅是我們心理上的障礙和思想中的頑石。當你抱著下坡的想法爬山，便無從爬上山去。如果你的世界沉悶而無望，那是因為你自己沉悶無望。改變你的世界，必先改變你自己的心態。

樂觀者與悲觀者

父親想對一對孿生兄弟進行「性格改造」，因為其中一個過分樂觀，而另一個則過分悲觀。

有一天，他買了許多色澤鮮豔的新玩具給悲觀孩子，將樂觀孩子送進了一間堆滿馬糞的車房裡。

第二天清晨，父親看到悲觀孩子正泣不成聲，便問：「為什麼不玩那些玩具呢？」

「玩具玩了就會壞掉呀。」孩子仍在哭泣。

父親歎了口氣，走進車房，卻發現那樂觀孩子正興高采烈地在馬糞裡掏著什麼。

「告訴你，爸爸。」那孩子得意洋洋地向父親說。

「我想，馬糞堆裡一定還藏著另一匹小馬！」

生活哲理

樂觀者在每次的危難中都會看到機會，而悲觀的人在每個機會中看到的都是危難。

樂觀者與悲觀者之間，其差別是很有趣的。樂觀者看到的是油炸甜甜圈，而悲觀者看到的是一個大窟窿。

小老虎與老山羊

有一隻小老虎時時都想做出一番大事業，以便有能力獲得百獸們的尊重和崇拜。但牠整天遊手好閒，不做任何事，只是一心一意地思考著如何才能出人頭地，惹得百獸們背地裡都叫牠「空想家」。

後來，小老虎閒逛到山腳下的老山羊家，老山羊見牠成天不做事，忍不住就教訓了牠幾句。

小老虎說：「我不是不想做事，而是想做大事，因為我要出人頭地，可是一直找不到出人頭地的方法。」

老山羊帶著小老虎來到院子後的花園裡，然後從口袋裡拿出一包種子說：「這是九月菊的種子，現在你想個辦法讓它們早點開花，並讓它們的花朵鮮豔奪目、出人頭地吧！」

「想讓它們在花中出人頭地，那還不簡單麼?咱們把它埋進土裡，它就會生根發芽，鑽出土壤，在秋天開出美麗的花朵。」說完，小老虎便刨土準備種下種子。

「你這樣做是不是埋沒了它們？」老山羊笑著問。

「可是，如果不經過埋沒的過程，它們怎麼可能發芽破土而出呢？」

「孩子，看來你早就知道出人頭地的方法呀！」

「您是說……」小老虎有所感悟。

生活哲理

唯有埋頭，才能出頭。一個人如果急於出人頭地，除了自尋苦惱之外，不會真正得到什麼。人只有埋頭做事，才能有所作為，最後出人頭地。

戰馬與驢子

京城裡，有一匹馬和一頭驢子是好朋友。馬在外面拉東西，驢子在屋裡拉磨。

後來，這匹馬被一位即將上戰場的將軍選中。馬跟隨將軍一起轉戰各地，為將軍取得赫赫戰功，立下汗馬功勞。

三年後，這匹馬馱著得勝回朝的將軍回到京城。牠重新見到了老朋友驢子。

馬談起這次遠征的經歷：一望無際的草原，風塵漫舞的沙漠，千年不化的冰雪……那些神話般的境界，使驢子聽了大為驚異。

驢子嘆氣道：「你有這麼豐富的見聞，而我對這麼遙遠的道路，連想都不敢想。」

生活哲理

成功人士與平庸之輩最大的差別是：不在於天賦，也不在於機遇，而是在於有無堅定而遠大的人生目標。

走向成功的第一步就是給自己制定一個切實可行的目標。

長者的恩賜

從前，有兩個饑餓的人得到了一位長者的恩賜：一根魚竿和一簍鮮活碩大的魚。其中，一個人要了一簍魚，另一個人要了一根魚竿，於是他們分道揚鑣。

得到魚的人原地就用乾柴搭起爐火煮起了魚，他狼吞虎嚥，還沒有品嘗出鮮魚的肉香，轉眼間，連魚帶湯就被他吃個精光。不久，他便餓死在空空的魚簍旁。

另一個人則提著魚竿繼續忍饑挨餓，一步步艱難地向海邊走去，可當他已經看到不遠處那片蔚藍色的海洋時，他身上最後的那一點力氣也使用完了。

他也只能眼巴巴地帶著無盡的遺憾撒手人間。

又有兩個饑餓的人，他們同樣得到了長者恩賜的一根魚竿和一簍魚。只是他們並沒有各奔東西，而是商定共同去找尋大海，他們倆每次只煮一條魚。

他們經過了長途的跋涉，來到了海邊，從此，兩人開始了以捕魚為生的日子，幾年後，他們蓋起了房子，有了各自的家庭、子女，有了屬於自己的漁船，過著幸福快樂的生活。

生活哲理

只顧眼前的利益，得到的只是短暫的歡愉；目標高遠，但也要面對現實。把理想和現實結合起來，才有可能成功。

最有價值的目標

不久前，巴黎一家現代雜誌刊登了這樣一則有趣的競答題目：

「如果有一天羅浮宮突然起了大火，而當時的時間只允許從宮內眾多藝術珍品中搶救出一件，請問：你會選擇哪一件？」

在數以萬計的讀者來信中，一位年輕畫家的答案被認為是最好的，那就是「選擇離門最近的那一件。」

這是一個令人拍案叫絕的答案，因為羅浮宮內的收藏品每一件都是舉世無雙的瑰寶，所以與其浪費時間選擇，不如抓緊時間搶救一件算一件。

生活哲理

成功的最佳目標不是最有價值的那個，而是最可能實現的那個。

目標越大，得失越大，挫折感也就越大。放棄那些大而美麗的目標，重點放在伸手可及的眼前。

心牆

一向自由自在在海中遊弋的小虎鯊在一次追逐獵物時，被人類給捕捉了。離開大海的小虎鯊還算幸運，牠被收養了。

關在人工魚池中的小虎鯊，雖然不自由，卻不愁獵食，主人會定時把食物送到池中，都是些大大小小的魚食。

有一天，主人將一片又大又厚的玻璃放入池中把水池分隔成兩半，小虎鯊卻看不出來。他又把活魚放到玻璃的另一邊，小虎鯊等他放下魚之後，就衝了過去，結果撞到玻璃，疼得眼冒金星，什麼也沒吃到。小虎鯊不信邪，過了一會兒，看準了一條魚，又衝過去，撞得更痛，差點沒昏倒，當然也沒吃到。

小虎鯊終於放棄了。

看到這一切，主人把玻璃拿走，然後又放進小魚。讓小魚在池子裡游來游去。

小虎鯊看著到口的魚食，卻再也不敢去吃了。

生活哲理

人類很容易被過去的經驗所限制，這是阻礙成功的重要因素。只有敢於突破經驗和思維定勢束縛的人，才能在競爭激烈的社會中立足。

對手不僅是敵人

有個名叫西拉斯的人，正面臨著意想不到的危機，真是進退維谷，差點砸了全家的飯碗。

此人在一個小鎮上開著雜貨店。這店鋪是他爸爸傳下的。他爸爸又是從他爺爺手裡接過來的。他爺爺開這店鋪的時候，南北兩邊正在打仗。

西拉斯買賣公道，信譽很好。他的店鋪對鎮上的人來說，就像手足，不可缺少，西拉斯的兒子正在長大，店鋪就要有新接班人了。

可是有一天，一個外地人笑嘻嘻的來拜訪西拉斯，情況便變得嚴重了！

此人說，他想買下這店鋪，請西拉斯自己估價。

西拉斯怎捨得？即便出雙倍的價格他也不能賣！這店鋪不光是店鋪呀！這是事業，是祖產，是信譽！

外鄉人聳聳肩，笑嘻嘻地說：「很抱歉，我已選定街對面那幢空房子，經過一番粉刷後，再裝璜得富麗堂皇些，然後再進些上好貨品，賣得便宜些。那時你就沒生意了！」

西拉斯眼見對面空屋貼出了一張新的廣告宣傳單，一些木匠在裡面鋸呀刨呀，又有一些漆匠爬上爬下的，他的心都碎了！

他無可奈何卻又不無驕傲地在自家店門上貼了張宣傳單：敝號為九十五年的老店。

人們對比讀了，無不吃吃暗笑。

新店開幕的前一天，西拉斯坐在他那陰暗的店鋪裡想著心事。他真想破口把對手臭罵一頓。

幸虧西拉斯有個好妻子。

她柔柔的聲音緩緩地說：「西拉斯，你巴不得把對面那房子放火燒了，是不是？」

西拉斯咬牙切齒的說：「是巴不得！就算燒了有什麼不好？」

「燒也沒用呀，人家保險過了。再說，這樣想也很缺德。」

西拉斯氣憤的說：「那你說我該怎麼想？」

「你該去祝賀。」

「祝賀？」

「西拉斯你總說自己是個厚道的人，但是一旦碰到切身之事就糊塗了。你該怎麼做不是很清楚嗎！你應該去祝賀新店開業，祝賀它成功。」

「貝蒂，你的腦筋有問題嗎？」。

話雖這麼說，西拉斯仍決定去一趟。

第二天早晨新店還沒開門，全鎮的人已等在外。大家看著正門上方赫然寫著「新新雜貨店」幾個金字，都想進去一睹為快。

西拉斯也在人潮裡，他大大方方的跨到臺階上大聲說：

「外鄉老弟，恭喜開業，謝謝你給全鎮人添方便了！」

他剛說完，便大吃一驚，因為全鎮的人都圍上來朝他歡呼，還把他舉起來。大家跟他進店裡參觀，誰都關心標價，誰也都覺得價錢很公道。

那外鄉老闆笑嘻嘻的牽著西拉斯的手，兩個生意人像是老朋友一般。

後來，兩家生意都做得興隆，因為小鎮一年年變大了，就像老西拉斯的年紀一樣。

生活哲理

要成大事的人，便是把對手當作自己的夥伴，在競爭中提高自己的智慧和能力。你的對手不僅是敵人，也是學習的對象。

向你的對手祝賀成功，你們才會攜手走向輝煌，而互相排擠只會令雙方兩敗俱傷。

不眨眼的神射手

甘蠅是一位射箭能手。他只要一拉弓射箭，將箭射向野獸，野獸就應聲而倒；將箭射向天空飛翔著的飛鳥，飛鳥就會頃刻間從空中墜落下來。只要看到過甘蠅射箭的人，沒有哪一個人不稱讚他是射箭能手，真是箭無虛發，百發百中。

甘蠅的學生叫飛衛，他非常刻苦地跟著甘蠅學射箭。幾年以後，飛衛射箭的本領趕上了他的老師甘蠅，真是名師出高徒。

後來，又有一個名叫紀昌的人，來拜飛衛為師，跟著飛衛學射箭。

飛衛收下紀昌作徒弟後，教導紀昌學習射箭才真叫嚴呢！剛開始學射箭時，飛衛對紀昌說：「你是真的要跟我學射箭嗎？要知道不下苦工夫是學不到真本領的。」

紀昌表示：「只要能學會射箭，我不怕吃苦，願聽老師指教。」

於是，飛衛很嚴肅地對紀昌說：「你要先學會不眨眼，做到了不眨眼後才可以談得上學射箭。」

紀昌為了學會射箭，回到家裡，仰面躺在他妻子的織布機下面，兩眼一眨也不眨地直盯著他妻子織布時，不停地踩動著的踏腳板。天天如此，月月如此，心裡想著飛衛老師對他的要求和自己向飛衛表示過的決心。

要想學到真功夫，成為一名箭無虛發的神箭手，就要堅持不懈地刻苦練習。

這樣堅持練了兩年，從不間斷；即使錐子的尖端刺到了眼眶邊，他的雙眼也是一眨也不眨。

紀昌於是整理行裝，告別妻子到飛衛那裡去了。

飛衛聽完紀昌的彙報後卻對紀昌說：「還沒有學到家呢！要學好射箭，你還必須練好眼力才行，要練到看小的東西時就像看到大的一樣，看隱約模糊的東西就像見到明顯的東西一樣。你還要繼續練，練到了那個時候，你再來告訴我。」

紀昌又一次回到家裡，選了一根最細的犛牛尾巴上的毛，一端繫上一隻小蝨子，另一端懸掛在家裡的窗子上，兩眼專注的看著吊在窗口上犛牛毛下端的小蝨子。

看著，看著，目不轉睛地看著。

十天不到，那蝨子似乎漸漸地變大了。紀昌仍然堅持不懈地刻苦練習。他繼續看著，看著，目不轉睛地看著。

三年過去了，眼中看著的那個繫在犛牛毛下端的小蝨子又漸漸地變大了，大得彷彿像車輪一樣大小。

紀昌再看其他的東西，真的全都變大了，大得像是巨大的山丘。

於是，紀昌馬上找來在北方生長的牛角所製成的強弓，用在北方出產的蓬竹所造的利箭，左手拿起弓，右手搭上箭，目不轉睛地瞄準那彷彿有車輪大小的蝨子，將箭射過去，箭頭恰好從蝨子的中心穿過，而懸掛蝨子的犛牛毛卻沒有被射斷。

這時，紀昌才深深體會到要學到真實本領非下苦功夫不可，他便把這一成績告訴飛衛。

飛衛聽了很為紀昌高興，走過去向紀昌表示祝賀說：「你成功了。對射箭的奧妙，你已經掌握了啊！」

生活哲理

要學好本領，必須苦練基本功，必須持之以恆。只有堅持不懈地練習，才能精通。

讚美他人

一天，一個心理學家到一家郵局裡，排隊等候寄一封信。無意中他注意到櫃檯裡那位職員似乎一臉無奈的樣子。

心理學家突然心生一念，想試著使這位小職員高興起來，不過他告訴自己：「要使他高興，使他對我產生好感，我一定得說些好聽的話讚美他。」

於是他又捫心自問，「這個人身上究竟有什麼值得我讚美，而且是讓我想由衷地想讚美他幾句的呢？」心理學家靜靜地觀察對方片刻，最後終於找到了。

當他開始替心理學家把那封信件過磅秤時，心理學家立即隨口友善地說了一句：「真希望哪天我也能擁有像你這樣的一頭漂亮頭髮！」

他抬頭望了心理學家一眼，先是顯得有些驚訝，隨即綻放出一抹笑容。「哪裡我這頭髮，比起以前可差多了呢！」他謙虛地說道。

聽了這話，他心情果然好轉，並熱情地跟心理學家聊了好一會兒，臨走，還補充一句道：「其實有不少人都很羨慕我這頭黑髮呢！」

生活哲理

讓他人感受到自己的重要性，進一步擴展自己的發展空間。人一旦覺察到了自己的不可替代性，就會更加積極的去努力。

一百萬美金的支票

有一次，愛德華・查利弗先生為了贊助一名童軍參加在歐洲舉辦的世界童軍大會，極需籌措一筆經費，於是就前往當時美國一家數一數二的大公司，拜會其董事長，希望他能解囊相助。

在愛德華・查利弗拜會他之前，曾聽說他開過一張面額一百萬美金的支票，後來那張支票因故作廢，他還特地將之裝裱起來，掛在牆上以作紀念。

所以當愛德華・查利弗一踏進他辦公室之後，立即針對此事，要求參觀一下他這張裝裱起來的支票。愛德華・查利弗告訴他，自己從未見過任何人開具過如此巨額的支票，很想見識見識，好回去說給小童軍們聽。

他毫不猶豫地就答應了，並將當時開那張支票的情形，詳細地解說給查利弗聽。

查利弗先生並沒一開始就提起童軍的事，更沒提到籌措基金的事，他提到的只是他知道對方一定很感興趣的事，結果呢？

說完他那張支票的故事，未等他提及，那位董事長就主動問他今天來是為了什麼事？於是他才一五一十地說明來意。出乎他的意料，他非但答應了愛德華的要求，而且還答應贊助五個童軍去參加該童軍大會，並且要親自帶隊參加，負責他們的全部開銷，另外還親筆寫了封推薦函，要求他在歐洲分公司的主管，提供他們所需的一切服務。

愛德華・查利弗先生滿載而歸。

生活哲理

在做事之前先做好準備，因為有備而來往往可以讓我們事半功倍，機遇也只偏愛那些有準備的頭腦。

征服獅子

一位婦女因為丈夫不再喜歡她了而煩惱。於是，她乞求神給她幫助，教會她一些吸引丈夫的方法。神思索了一會兒對她說：「我也許能幫妳，但是在教會妳方法前，妳必須從活獅子身上摘下三根毛給我。」

恰好有一頭獅子常常來村裡遊蕩，但是牠那麼兇猛，一吼叫起來人都被嚇破膽了，怎麼敢接近牠呢？但是為了挽回丈夫的心，她還是想到了一個辦法。

第二天早晨，她早早起床，牽了一隻小羊去那頭獅子常出現的地方，放下小羊她便回家了。以後每天早晨她都會牽一隻小羊給獅子。不久，這頭獅子便認識了她，因為她總是在同一時間、同一地點放一隻溫順的小羊討牠喜歡。她確實是一個溫柔、殷勤的女人。

不久，獅子一見到她便開始向她搖尾巴打招呼，並走近她，讓她拍牠的頭，摸牠的背。

每天女人都會站在那兒，輕輕地拍拍牠的頭。

女人知道獅子已完全信任她了。於是，有一天，她細心地從獅子的鬃毛上拔了三根毛。她激動地拿給神看，神驚奇地問：「妳用什麼絕招拿到的？」

女人講了經過，神笑了起來，說道：「以妳馴服獅子的方法去馴服妳的丈夫吧！」

生活哲理

善待他人，連馴服獅子都可以做到，世間還有什麼做不到的。善待周圍的一切，周圍的一切都會聽從你的安排。

宮廷占星師

法國國王路易十一酷好占星學。他養了一名宮廷占星師，對他佩服萬分。有一天，這名占星師預言宮中一名貴婦會在八天之內死亡。預言果然實現了，路易也嚇壞了。他想，要不是占星師謀殺了貴婦以證明他的準確性，就是他太精於此道。他的法力威脅了路易本人，而不管是哪一種情況，這名占星師都得死。

一天晚上路易召見占星師。在占星師到來之前，國王告訴埋伏的士兵們，一旦他給了暗號，就衝出來抓住占星師，把他從窗戶上丟到數百英呎下的地面上摔死。

不久，占星師到了，在下達訊號之前，路易決定問他最後一個問題：「你聲稱瞭解占星術，而且清楚別人的命運，那麼告訴我你的命運如何，你能活多久？」

「我會在陛下駕崩前三天去世。」占星師回答。

國王一直沒有下達暗號。占星師的命不但保住了，而且在他有生之年國王不僅全力保護占星師，慷慨地賞賜他，還聘請醫術高明的宮廷醫生來照顧他的健康。

最後，占星師甚至比路易多活了好幾年。

生活哲理

將自己和他人聯結在一起，當別人越來越依賴你的時候，無形中你就擁有了某種權力和自由，而這種權利和自由會進一步擴大你的社交圈，進而擁有更大的生存餘地。

讓自己不可替代

一位成功學家曾聘用一名年輕女孩當助手，替他拆閱、分類信件，薪水與相關工作的人相同。有一天，這位成功學家口述了一句格言，要求她用打字機記錄下來：「請記住，你唯一的限制就是你自己腦海中所設立的那個限制。」

她將打好的檔交給老闆，並且有所感悟地說：「你的格言令我大受啟發，對我的人生很有幫助。」

這件事並未引起成功學家的注意，但是在女孩心目中卻烙上了深刻的印象。從那天起她開始在晚飯後回到辦公室繼續工作，不計報酬地做一些並非自己分內的工作，譬如，代替老闆給讀者回信。

她認真研究成功學家的措辭風格，以至於這些回信和自己老闆一樣好，有時甚至更好。她一直堅持這樣做，並不在意老闆是否注意到自己的努力。

終於有一天，成功學家的秘書因故辭職，在挑選合適人選時，老闆自然而然地想到了這個女孩。

在沒有得到這個職位之前已經身在其位了，這正是女孩獲得這個職位最重要的原因。當下班的鈴聲響起之後，她依然坐在自己的崗位上，在沒有任何報酬承諾的情況下，依然刻苦訓練，最終使自己有資格接受這個職位。

故事並沒有結束。這位年輕女孩如此優秀的能力，引起了更多人的關注，其他公司紛紛提供更好的職位邀請她工作加盟。為了挽留她，成功學家多次提高她的薪水，與最初當一名普通速記員時相比已經高出了四倍。

生活哲理

使自己變得不可替代，不斷提升自我價值，很快就會出現快速升值的發展空間，這也是職場上的一大生存策略。

牢記別人的名字

吉姆・佛雷十歲那年，父親就意外喪生，留下他和母親及另外兩個弟弟。由於家境貧寒，他不得不輟學到磚廠打工賺錢貼補家用。他雖然學歷有限，卻憑著愛爾蘭人特有的熱情和坦率，處處受人歡迎，進而轉入政壇。

他連高中都沒讀過，但在他四十六歲那年就已有四所大學頒給他榮譽學位，並且高居民主黨要職，最後還擔任郵政首長之職。

有一次有記者問起他成功的祕訣，他說：「辛勤工作，就這麼簡單。」記者有些疑惑，說道：「你別開玩笑了！」

他反問道：「那你認為我成功的原因是什麼？」

記者說：「聽說你可以一字不差地叫出一萬個朋友的名字。」

「不，你錯了！」他立即回答道，「我能叫得出名字的人，少說也有五萬人。」

這就是吉姆・佛雷的過人之處。每當他剛認識一個人時，他定會先弄清他的全名、他的家庭狀況、他所從事的工作，以及他的政治立場，然後據此先對他建立一個概略的印象。

當他下一次再見到這個人時，不管隔了多少年，他一定仍能迎上前去在他肩上拍一拍，噓寒問暖一番，或者問問他的老婆孩子，或是問問他最近的工作狀況。有這份能耐，也難怪別人會覺得他平易近人，和善可親。

吉姆早就發現，牢記別人的名字，並正確無誤地喚出來，對任何人來說，是一種尊重、友善的表現。

生活哲理

想要獲得尊重，必先尊重別人，這是一個很簡單的道理。要想讓自己在工作和生活中大受歡迎，首先得表現出讓別人覺得你很歡迎他，很在意他，尤其在職場上更是如此。

讚美能激發人內在的自尊

艾尼絲・肯特太太聘用了一位女傭，要求她下星期一正式上班。利用這段時間，她打電話給那位女傭的前任雇主，詢問了一些她的個人情況，結果得到的評語卻是貶多於褒。

女傭到任的那一天，艾尼絲立即告訴她說：「莉莉，幾天前我打電話請教了妳的前任雇主，她說妳為人老實可靠，而且煮得一手好菜，帶孩子也很細心，唯一的缺點就是理家比較外行，老是把屋子弄得髒兮兮的。我想她的話並非完全可信，從妳的穿著可以看得出來，妳是個很講究清潔的人，我相信妳有這種習慣，也一定會把家裡整理得井井有條。我們應該是可以相處得賓主皆歡才對。」

事實上她們果然是相處得很愉快，莉莉真的把家裡打掃得乾乾淨淨，一塵不染，而且工作非常勤奮，寧可自動加班，也不會任工作擱著不做。

肯特太太看在眼裡，樂在心裡。

生活哲理

人都有一個共通性，就是在受到別人讚美之後會極力維護這份榮譽，讚美能激發人內在的自尊，人們都會喜歡和真誠讚美他們的人接觸交往。

生活簡簡單單，幸福平平淡淡

Life is Simple, Happiness is Plain

Chpater 03

豁達 心寬

控制自己的情緒

有一個孩子無法控制自己的情緒，常常無緣無故地發脾氣。一天，他父親給了他一大包釘子，讓他每發一次脾氣就用鐵錘在他家後院的柵欄上釘上一根釘子。

第一天，小男孩共在柵欄上釘了三十七根釘子。

過了幾個星期，小男孩漸漸學會了控制自己的憤怒，在柵欄上釘釘子的數目也開始逐漸減少了。他發現控制自己的壞脾氣比往柵欄上釘釘子要容易多了……最後，小男孩變得不愛發脾氣了。

他把自己的轉變告訴了父親。他父親又建議他說：「如果你能維持一整天不發脾氣，就從柵欄上拔下一根釘子。」經過一段時間，小男孩終於把柵欄上所有的釘子都拔掉了。

父親拉著他的手來到柵欄邊，對小男孩說：「兒子，你做得很好。但是，你看一看那些釘子在柵欄上留下了那麼多的小孔，柵欄再也不會是原來的樣子了。當你向別人發過脾氣之後，你的言語就像這些釘孔一樣，會在人們的心靈中留下疤痕。你這樣做就好比用刀子刺向了某人的身體，然後再拔出來。無論你說多少次『對不起』，那傷口都會永遠存在。其實，口頭上對人們造成的傷害與傷害人們的肉體沒什麼兩樣。」

生活哲理

有些傷害永遠無法彌補，所以我們在說話做事情之前一定要先考慮好避免給人造成傷害，否則，一旦造成了傷害，採用什麼辦法都是無法挽回的。

狐狸和猴子

狐狸和猴子好幾天沒吃東西了，在路上你們發現了一個洞穴，裡面有個神像和兩個瓶子。

狐狸祈求神像：「我們已經好幾天沒吃東西了，再這樣下去會餓死的……」

神像說：「這裡有兩個瓶子，一個裝滿食物，一個是空的，你只能用觀察來選擇其中一個。」

狐狸說：「兩個瓶子中有一個裝滿食物，另外一個是空的，我看這兩個瓶子肯定都是空的。」

聽了這話，一個瓶子開口了：「我才不是空的……」

狐狸一聽，伸手抱走另一個瓶子。打開瓶口，果然裡面都是食物。

猴子大惑不解地問：「你怎麼知道這個瓶子裡有食物？」

狐狸笑著說：「肚子空空的人，最怕人家說他空瓶子，肚子有墨水的人，你說什麼他都不在乎。」

生活哲理

自吹自擂的人往往腦袋空空，腦袋空空又自吹自擂的人是會被人嘲笑的。自以為是又總生活在別人的唾棄與嘲笑之中，何苦呢？

對手是一把雙刃劍

一位動物學家對生活在非洲大草原奧蘭治河兩岸的羚羊群進行了一番研究。

他發現東岸羚羊群的繁殖能力比西岸的強，奔跑速度也不一樣，每分鐘要比西岸的快十三公尺。

對這些差別，這位動物學家曾百思不得其解。因為這些羚羊的生存環境和屬類都是相同的，食物來源也一樣，都是以一種叫鶯蘿的牧草為主。

有一年，他在東西兩岸各捉了十隻羚羊，把牠們送往對岸。結果，運到東岸的十隻一年後繁殖到十四隻，運到西岸的十隻剩下三隻，其他那七隻全被狼吃了。

這位動物學家終於明白了，東岸的羚羊之所以強健，是因為在牠們附近生活著一群狼群，西岸的羚羊之所以弱小，正是因為缺少這麼一群天敵。

生活哲理

對手是一把雙刃劍，在現實生活中，縱使一個人戰勝千難萬險，堅持到底，最終成功的往往是自己的對手。

對手是促使一切生物生存下來的最好原動力。

居安思危

一隻野狼臥在草上勤奮地磨牙。

狐狸看到了，就對牠說：「天氣這麼好，大家都在休息娛樂，你也加入我們的隊伍之中吧！」野狼沒有說話，繼續磨牙，把牠的牙齒磨得又尖又利。

狐狸奇怪地問道：「森林這麼靜，獵人和獵狗都已經回家了，老虎也沒在附近徘徊，又沒有任何危險，你何必那麼使勁的磨牙呢？」

野狼停下來回答說：「我磨牙並不是為了娛樂，你想想，如果有一天我被獵人或老虎追逐，到那時，我想磨牙也來不及了。而平時我就把牙磨好，到那時就可以保護自己了。」

生活哲理

做事應該未雨綢繆，居安思危，這樣在危險突然降臨時，才不至於手忙腳亂。

你在工作或生活中的平靜和安穩，絕不意味著前途一片光明，你要多方面考慮各種可能來臨的危險。樹立危機意識，做好準備，你才能坦然面對危機並安然度過。

難得糊塗

一四〇一年，義大利的佛羅倫斯舉行青銅門扉雕刻大賽，雕刻家布魯涅列斯奇失敗了。對此，他甘拜下風，並不耿耿於懷，並轉而研究起雙殼結構的圓形屋頂，成為一個傑出的建築學家。

居里去世後，有人給居里夫人造了一些聳人聽聞的謠言。一開始，居里夫人痛不欲生，後來，她鎮靜下來裝作「糊塗」，不予反擊，以埋頭科學來粉碎妒才小人的詭計。

第二次諾貝爾獎的獲得，使得居里夫人再一次馳名全球。這時，那些誹謗她的人也感到羞愧了，有的還請求居里夫人的寬恕。

生活哲理

做人要難得糊塗，過分的精打細算，有時仍抵不過天算。很多時候，我們不妨睜一隻眼閉一隻眼的做人。要做到糊塗確實不易，這不僅需要有一定的修養，還需要有一定的雅量。

在為人處世中「裝糊塗」是一種高明的處世之道，一個人不可處處鋒芒太露，這樣很容易引起別人的嫉恨，與你樹敵的人會越來越多，使你的工作事業無法順利進行下去。人們都喜歡與單純的人交往，過於聰明、機靈的人會被人們加以防範。用睜開的眼睛透視世界的美麗，用閉著的眼睛消除世間的無奈，能夠做到這一點的人，生命將能活出極致。

保持平常心

神射手后羿，他練就了一身百步穿楊的好本領，立射、跪射、騎射樣樣精通，而且箭箭都射中靶心，幾乎從來沒有失過手。人們爭相傳頌他高超的射技，對他非常敬佩。

夏王也從左右的嘴裡聽說了這位神射手的本領，也目睹過后羿的表演，十分欣賞他的功夫。有一天，夏王想把后羿召入宮中來，單獨為他一個人演習一番，好盡情領略他那爐火純青的射技。

於是，夏王命人把后羿找來，帶他到御花園裡找了一個寬闊的場地，叫人拿來一塊一尺見方，靶心直徑大約一寸的獸皮箭靶，用手指著說：「今天請先生來，是想請您展現一下您精湛的本領，這個箭靶就是你的目標。為了使這次表演不至於因為沒有競爭而沉悶乏味，我來給你定個賞罰規則：如果射中了的話，我就賞賜給你黃金萬兩；如果射不中，那就要削減你一千戶的封地。現在就請先生開始吧！」

后羿聽了夏王的話，一言不發，面色變得凝重起來。他慢慢走到離箭靶一百步的地方，腳步顯得相當沉重。然後，后羿取出一支箭搭上弓弦，擺好姿勢拉開弓開始瞄準。

想到自己這一箭出去可能發生的結果，一向鎮定的后羿呼吸變得急促起來，拉弓的手也微微發抖，瞄了幾次都沒有把箭射出去。

后羿終於下定決心鬆開了弦，箭應聲而出，「啪」地一下釘在離靶心足足有幾寸遠的地方。后羿臉色一下子白了，他再次彎弓搭箭，精神卻更加不集中了，射出的箭也偏得更加離譜。

后羿收拾弓箭，勉強陪笑向夏王告辭，悻悻地離開了王宮。夏王在失望的同時掩飾不住心頭的疑惑，就問手下道：「這個神箭手后羿平時射起箭來百發百中，為什麼今天跟他定下了賞罰規則，他就大失水準了呢？」

手下解釋說：「后羿平日射箭，不過是一般練習，在一顆平常心之下，水平自然可以正常發揮。可是今天他射出的成績直接關係到他的切身利益，叫他怎能靜下心來充分施展技術呢？看來一個人只有真正把賞罰置之度外，才能成為當之無愧的神箭手啊！」

生活哲理

患得患失、過分計較自己的利益，將會成為我們獲得成功的大礙。我們應當從后羿身上吸取教訓，面臨任何情況時都應儘量保持平常心。

丟棄「石頭」的商人

從前，有三個商人騎著駱駝相伴著穿越沙漠，前去遙遠的西域進貨賺錢。

當他們正踱過一條乾涸的河床時，隱約傳來一個低沉的聲音：「請留步！」他們順從地停了下來。

那個聲音繼續吩咐道：「從駱駝上下來，撿上小石頭裝滿你的袋子。」三個商人照做不誤。然後，那個聲音又說：「做得好，你們可以騎著駱駝繼續前進了。明天旭日東昇時，你們會又高興又悲傷的。」

三個商人繼續騎著駱駝前行，邊走邊納悶，怎麼可能同時又高興又悲傷呢？

其中有個商人就開口了：「我怎麼也想不通，在這沙漠之中能有什麼事比見著河床卻沒有水，能先高興後悲傷還糟糕的事，你們知道嗎？」另外兩人同時搖搖頭。

沙漠的炎日和熱風，把三個商人眾多的貪欲都磨滅了不少。面對生存的挑戰，他們對水的需求和渴望，超過了其他所有的東西，甚至是平常最愛的鑽石。他們很快就覺得袋子裡的小石頭越來越重。他們想甩掉這些累贅，但又怕違背了神祕的指令會惹來殺身之禍。他們悄悄商量的結果，決定丟棄袋子中大部份的石頭。這樣既遵行了那個神祕的指令，又使自己的旅途輕省了許多。

直到第二天日出，一切平安無事。三個商人不由得為沙漠中哪個英明的決定感到萬分得意。可當他們打開駱駝背上的布袋時，全都傻眼了！

你猜怎麼了，那剩下的幾顆小石頭竟然變成了鑽石、瑪瑙和紫晶！

他們高興極了，意外的財富！然而，他們又後悔極了！

當他們想到那些丟棄了的石頭時。

也許有人對這個童話故事隱含的哲理不以為然，但這的確是人生的寫照。人們總以為「天上掉下來的餡餅」是不可能的事情，但人世間又確實有類似於這樣的事情。只不過這樣的好事，若砸在不同的人身上就會有不同的結果。

人生中，抓住機遇並且成功的人，不算很多，但終生沒有遇到機遇的人，又的確很少。現實生活中，許多繼續落魄的人，都會講到自己當年如何如何地放棄了絕好的機會，要不然的話，自己會怎樣怎樣的。機遇常在，而識別機遇和把握機遇的智慧卻不常有。所以，不成功的人永遠比成功的人要多得多。

機遇對主動者就是成功的火種，對被動者可能就是災難。天上掉下來的餡餅，也可能砸昏碌碌無為的路人。

全能的鼯鼠

鼯鼠掌握了五種技能，飛翔、游泳、攀樹、掘洞和奔跑。牠為此感到非常自豪：在動物世界裡，有誰能像我這樣多才多藝？雄鷹雖然飛得高，但牠會游泳、掘洞、攀樹、奔跑嗎？老虎雖然跑得快，但牠會飛翔、攀樹、掘洞嗎？

海豚雖然是游泳能手，但牠會其他四種技能嗎？鼯鼠把自己和各種動物都比了一遍，越比越覺得自己的本領高，越比越覺得自己不可一世。

在他看來，老虎當獸中之王，雄鷹為鳥中之王，都是徒有虛名而已。真正的動物首領，非牠莫屬。

然而，人們還是把他與老鼠並列，劃入嚙齒目；又將牠與弱小動物排在一起，歸進松鼠科。鼯鼠為此憤憤不平：「胡鬧，胡鬧！簡直是荒唐至極，老鼠、松鼠算什麼東西？我可是動物中的全才啊！我怎麼能和他們平等呢！」

有一天，鼯鼠正神氣十足地向幾隻老鼠炫耀自己的五種技能。

突然，一隻老虎出現在他面前：「小兄弟，你在說什麼？」

鼯鼠頓時嚇得魂飛魄散，拔腿就跑。

但是，牠用盡力氣跑了半天，老虎幾步就追上來了。

沒辦法，牠只好慌忙爬上一棵樹。

這時，一隻金錢豹又躥了過來，兩三下就躥上了樹頂，慢慢逼近牠。情急之中，鼯鼠張開四肢飛到空中。但是，牠的「翅膀」並不能像小鳥一樣搧動，只能滑翔。

一隻雄鷹輕輕搧了兩下翅膀，眼看就要抓住牠。

無路可走的鼯鼠「撲通」一聲鑽進水裡。正想喘口氣，一隻水獺已像箭一般地向牠撲來。

鼯鼠狼狽不堪地爬上岸，伸出利爪掘洞藏身。

水獺尾隨追來，不費吹灰之力，就扒開了牠的洞穴，如探囊取物一般把牠抓在手中。

「兄弟，我想領教領教，你還有什麼招數嗎？」水獺譏諷地問。

鼯鼠渾身顫抖不止，後悔不迭地說：「我終於體會到了，擁有一身平庸的本領，還不如掌握一門專精的技巧啊！」

生活哲理

人生在世，與其掌握許多平庸的本領，還不如掌握一門專精的技術。

以退為進

有一位留美的電腦博士，畢業後在美國找工作，結果好多家公司都不錄用他，思來想去，他決定收起所有的學位證明，以一種「最低身份」去求職。

不久他就被一家公司錄用為程式輸入人員。這對他來說簡直是「高射炮打蚊子」，但他仍做得一絲不苟。不久，老闆發現他能看出程式中的錯誤，非一般的程式輸入員可比。這時他才亮出學士證書，老闆給他換了一個適合大學畢業生做的專業工作。

過了一段時間，老闆發現他能時常提出許多獨到的、有價值的建議，遠比一般的大學生還要專精，這時，他又亮出了碩士證書，老闆見後又提升了他。

再過了一段時間，老闆覺得他還是與別人不一樣，就對他做出「質詢」，此時他才拿出了博士證書。於是老闆對他的水平已有了全面的認識，毫不猶豫地重用了他。

生活哲理

的確，人不怕被別人看低，而怕的恰恰是人家把你給看高了。看低了，你可以尋找機會全面地展現自己的才華，讓別人一次又一次地對你「刮目相看」，你的形象會慢慢地高大起來。可被人看高了，剛開始讓人覺得你有多麼的了不起，對你寄予了種種厚望，可你隨後的表現讓人一次又一次地失望，結果是被人越來越看不起。

被困的水怪

老人們說，在那遙遠大海的海岸上，曾經有一個水怪被困在那裡。這個水怪平時生活在水中，身軀巨大，長著一對鼓出的大眼睛，一口牙齒閃著鋒利的白光，渾身披著鱗片，一天可以游好幾千里路。牠還可以興風作雨，當風雨大作的時候，牠就可以飛騰起來，直上九霄，非一般的魚蝦可比。

可是水怪現在被潮汐沖上岸，困在沙灘裡。水怪在陸地上是半步也挪動不了的，再加上牠的身體過於龐大，儘管用盡了全身的力氣掙扎，而且前面又沒有高山峻嶺、關隘峭壁的阻隔，路也不遠，但牠仍然是沒有辦法回到水中去。這可憐的水怪空有一身本領，卻無法施展，連自己都救不了。

這時，幾隻水獺圍攏過來，見是水怪被困在那裡動彈不得，就你一言我一語地嘲笑起它來。有的說：「喂，大水怪，你為什麼上這裡待著？你平日的威風都上哪裡去了呢？」

有的說：「水怪啊，原來你也有如此落魄的時候啊，真還不如我們水獺，陸地和水裡都能自由往來呢！你真是白白浪費了一身好本事啊！」要是在平時，水怪才不把這群微不足道的水獺放在眼裡呢！可是現在，牠被困住了，無計可施，只好任憑水獺們戲謔嘲弄，心裡十分火大。

最後，一隻頗有威信的老水獺開了口：「水怪啊，你平日裡總是看不起我們，完全不考慮我們也有尊嚴。現在你被困了，知道是什麼滋味了吧！只要你開口請求我們一句，我們就幫忙你回到水中，要是不肯開口，我們可就不管你啦！」

水怪自恃清高，不願丟這個臉，就轉過頭去不理牠們。

過了很久，水獺們又來了，對水怪說：「水怪啊，我們就要離開這裡了，這是你最後的機會，你願意我們幫助你嗎？」

這時候，其實只要稍稍借助一點外力，水怪的困境就能夠解除，可是牠怎麼也放不下身段，說什麼也不要幫助，還打腫臉充胖子說：「就算爛死在泥沙裡，也要死的像個英雄，我自己情願這樣。我可沒有乞求別人幫助的習慣，你們用不著管我，愛上哪就上哪兒去吧！」

於是，水獺們走了，其他可以幫牠的動物見到這種情形也不理睬牠了，免得自討沒趣。水怪就這樣一直堅持著牠那可憐的自尊而被困在沙灘裡，誰也不知道牠最終是死是活。

生活哲理

其實，接受幫助並不是什麼丟臉的事。如果像水怪那樣過於清高而又不願依靠群眾，就會孤掌難鳴，就算有本事也無法施展，豈不是反而浪費了一身的本領嗎？

繡花

一大清早，鶴就爬起來，拿起針線要給自己的白裙子上繡一朵花，以顯示自己的嫵媚動人。剛繡了幾針，孔雀探過來問她：「鶴妹妳繡的什麼花呀？」

「我繡的是桃花，這樣才能顯示出我的嬌媚。」鶴羞澀地說。

「咳，幹嘛要繡桃花呢？桃花是易落的花，不吉祥，還是繡朵月月紅吧，又大方，又吉利！」

鶴聽了孔雀姐姐的話覺得言之有理，便把繡好的金線拆了改繡月月紅。正繡得入神時，只聽錦雞在耳邊說道：「鶴姐，月月紅花瓣太少了，顯得有些單調，我看還是繡朵大牡丹吧，牡丹是富貴花呀，顯得多麼雍容華貴！」

鶴覺得錦雞妹說得對，便又把繡好的月月紅拆了，重新開始繡起牡丹來。

繡了一半，畫眉飛過來，在頭上驚叫道：「鶴嫂，妳愛在水塘裡棲歇，應該繡荷花才是，為什麼要去繡牡丹呢？這跟妳的習性太不協調了，荷花是多麼清淡素雅，出污泥而不染，亭亭玉立的，多美呀！」鶴聽了，覺得也是，便把牡丹拆了改繡荷花……

每當鶴快繡好一朵花時，總有人提不同的建議。她繡了又拆，拆了又繡，直到現在裙子上還是沒有繡上任何的花朵。

生活哲理

每個人都要有自己的立場與決定，一旦決定了的事，就不要因為旁人的否定而輕易作出變化，在處理事件時，要立場堅定，不要猶豫不決，變來變去。如果變來變去到頭來，只會是竹籃打水一場空。

借助能夠幫助你的人

有一個女孩生長在遙遠的北方小城，有一天她決定去南方的一些比較大的城市。

求職很不容易，在她的信心和錢包都快乾扁時，她發現了一份極適合自己的招募啟事，這使她又恢復了自信、喚起她的希望。

去應徵的路上，女孩路過一家服裝店，無意中從那家服裝店的玻璃上看到自己破舊的衣衫，剎那間，她覺得自己的衣服很髒，而且也很不適合應徵。一時間，她的心裡變得很亂。受到老闆娘的熱情感染，她進店裡試了一套比較鮮亮的套裝。這時候，她冒出一個大膽的念頭，先把這身衣服借下來，等面試完了以後再還給老闆娘。

想著，想著就徑直的走到微笑的老闆娘面前，告訴她自己沒有錢，但很想借這套衣服來穿，因為這次應徵對她來說實在太重要了，關係到她的前程和生存問題。所以她苦苦地哀求老闆娘。

老闆娘聽完她的話後，臉上的微笑凝固了，直直的盯著她。女孩心裡很緊張，覺得被老闆娘臭罵一頓肯定是不可避免的了。但是完全出乎意料，老闆娘接過她作為借衣憑證的身分證，作為抵押，隨後淡淡說了句：「別弄髒了。」

老闆娘的這一舉動，使她異常興奮，當她拿到衣服將要跨出門時，老闆娘卻突然喊道：「等等。」女孩心頭一沉：「千萬別反悔」，心裡正琢磨著，但她卻沒想到老闆娘微笑著說：「把鞋也換一下吧！球鞋與這套衣服搭配起來很突兀。」

女孩聽到這話後，感動得流下了眼淚，老闆娘安慰了她幾句：「誰沒有困難的時候？尤其是一個人出門在外，家人又不在身邊。如果不能得到幫助，當妳遇到同樣事情的時候，妳就會後悔當初沒有幫助某某。好好去應徵吧！祝妳成功。」女孩抹去感動的淚水走進招聘處，面對穿著典雅、神情嚴肅的女經理，她充滿自信，回答流暢，得到了女經理的認可。第二天女孩就去公司上班了，經過女孩的努力和她勤奮的表現，三個月後她成為公司不可缺少的菁英。

有一天經理問她應徵的時候穿的那套衣服為什麼不穿了，她紅著臉說：「還了。」注重穿著的女經理沒再追問。其實面試那天，女經理就知道是怎麼一回事了，因為當時女孩穿的衣服上的標籤都沒有拆除，另外，新穎的衣服卻配了雙中年款式的鞋子。

生活哲理

當你的生活有困難時，如果你不去找別人幫忙，怎麼會知道別人不會幫忙呢?想生存下去，就必須借助能夠幫助你的人。

沒有龜殼的烏龜

有一隻烏龜在沙灘上曬太陽時，幾隻螃蟹爬過來，牠們看到烏龜背上的龜殼嘲笑道：「瞧瞧，那是一隻什麼怪物啊！身上背著厚厚的殼不說，殼上還有亂七八糟的花紋，真是難看死了。」

烏龜聽後，覺得很羞愧，因為牠自己早就痛恨這身盔甲，可這是打從娘胎裡帶出來的，也沒辦法改變，只能把頭縮進殼裡，想來個眼不見、耳不聽，還能落得清靜。

誰知螃蟹們見烏龜不反抗，便得寸進尺：「喲，還有羞恥心呢！以為把頭縮進去，你就能改變你一出生就穿破馬甲的命運嗎？」烏龜沒有回應，螃蟹覺得自討沒趣，於是走了。

烏龜等螃蟹們走後，伸出頭，邁動四肢，找到一處礁石，把牠的背部靠在礁石上不停地磨，想磨掉那件給牠帶來恥辱的破馬甲。

終於，烏龜把背磨平了，馬甲不見了，但弄得全身鮮血淋漓，疼痛不堪。這天，東海龍王召集文武百官升朝，宣佈封烏龜家族為一等伯爵，並令牠們全體上朝叩謝聖恩。

在烏龜家族裡，龍王一眼就瞧見了那隻已沒有馬甲的烏龜，便大怒道：「你是何方妖怪，膽敢冒充烏龜家族成員來受封？」

「大王，我是烏龜呀！」

「放肆，你還想騙朕，馬甲是你們龜類的特色，如今你連自己的特色都沒有了，還有什麼資格說自己是隻烏龜。」說完，龍王大手一揮，蝦兵蟹將們就將這隻沒有龜殼的烏龜趕出了龍宮。

生活哲理

人生在世，應當保持自己的本色，失去了本色也就失去了自己存在的意義。

選擇的路

有一座山，高聳入雲，飛鳥難越，沒有人知道它有多高。山前山後共有兩條路可供攀登，前山路寬石級鋪就，筆直坦蕩；後山小路，荊棘叢生，婉蜒曲折。

一天，父子三人來到山腳。

父親舉手遮陽，眺望峰頂，聲如洪鐘：「你們兄弟倆比賽爬上這山；上山有兩條路，前山路寬平而近，後山路窄險而遠——選擇哪條路，你們自己裁奪。」兄弟倆思忖再三，各自憑著自己的選擇，踏上旅程。

時間過去了兩個月，一個西裝革履的身影出現在峰頂，哥哥走來了。他的臉色紅潤，略顯發福，頭髮油光可鑒。他驕傲地撣了一下筆挺的襟袖，走向充滿期待的父親，說：「我贏了，我贏了！這一路真是春風得意。在坦蕩的大路上我只需向前，向前！舒緩的坡度讓我走得從容，平整的石階使我心曠神怡。這裡沒有岔道讓我傷神，沒有突出的山石給我絆腳。我的心靈沒有欺騙我，是英明的選擇助我勝利。實踐證明：在平坦和崎嶇間，只有傻瓜才會放棄平坦，選擇崎嶇。聰明的選擇使我有了多麼得意的旅程啊！我獲得了勝利，我理當獲得勝利。」

父親慈祥地看著他：「你的確是做了一個聰明的選擇，一路上也十分風光，我的好兒子……」

這之後不知過了多久，又一個身影出現了：他步伐穩健，全身充滿著生命的活力；儘管消瘦，衣衫襤褸，但雙目炯炯有神，透著聰慧與睿智。

弟弟微笑著走向父親和哥哥，從從容容地講起路上的故事：「哦，這是多麼有意義的一次旅程！感謝您，父親，感謝您給我選擇的機會。一路上陡峭的山崖阻擋著我攀爬的腳步，叢生的荊棘刺破了我裸露的臂膊，疲憊的身心增添著孤獨的酸楚。但我堅持下去，終於我學會了靈活與選擇，學會了機敏與自我保護，學會了獨立與堅忍。沿路美麗的景色，使我放慢腳步享受自然的饋贈。在山腳下，我看見山花爛漫，彩蝶翩翩，於是我與山花同歌、伴彩蝶共舞。在山腰，我看見綠草如茵，華木如蓋，清澈的小溪靜靜流淌在林間，朝聖的百鳥盡情放歌於林梢。我擁抱自然的和絃，追逐歡樂的節奏。這些往往是我最快樂的時光。可更多的時候是陰冷濃霧的環抱，荊棒叢棘的阻隔。放眼望去，黃葉連天，衰草滿路，但我在黃葉林中看到豐碩的果實，從乾枯草叢內悟出新生的希望。我感覺自己在成熟，一寸寸地成熟。再往上，是沒有一點生機的寒風和石礫，我曾想放棄，但曾經的艱辛溫暖著我，啟迪著我，給我力量，給我信心，使我忘掉比艱險更艱險的死寂，拋掉比痛苦更痛苦的迷茫，我最終到達了這裡了！一路上，我閱盡山間春色，也飽嘗旅途冷暖，為此，我感謝您，父親，感謝您給我選擇的權利，我從自己心靈的選擇中懂得了更多更多。」

哥哥眼中露出不解，但旋即消失，他不無輕蔑地說：「可是你輸了！」

「是的，」父親遺憾地說，「孩子，你輸掉了比賽……」

弟弟眺望遠方，臉上露出平和的微笑：「但，我贏得了人生！」

人生就是這樣，正是因為崎嶇才更增添了幾分韻味，才更顯得其豐富。

平坦縱然快捷，但卻無法與崎嶇之豐富相比。人生之崎嶇往往於其崎嶇之中包含了智慧和成熟。

生活哲理

順境和逆境是書寫人生的兩張紙，相互承載了人生的酸甜苦辣。順境和逆境共同承擔起追求人生的更高境界。凡走過，必留下痕跡。人生，沒有任何過程是白費的，包括所有的辛苦、淚水、心酸，每一筆都會增加你未來成功的光彩。

惠施和莊子

戰國時，有一個叫惠施的人，他是當時一位有名的哲學家。

惠施和莊子是好朋友，但在哲學上他們又是一對觀點不同的對手。莊子與惠施經常在一起討論切磋學問。

他們在互相爭論研討中不斷深化、提高各自的學識。特別是莊子，從惠施那裡受到很多啟發。後來惠施死了，莊子再也找不到像他那樣才智過人、博古通今，能與自己交心、駁難、使自己受益匪淺的朋友了。

因此，莊子感到十分痛惜。

一天，莊子給一個朋友送葬，路過惠施的墓地，傷感之情油然而生。為了緬懷這位曲高和寡不同凡響的朋友，他回過頭去給同行的人講了一個故事：

在楚國的都城郢地，有這樣一個泥水匠。有一次，他在自己的鼻尖抹上了一層像蒼蠅翅膀一樣又薄又小的白灰，然後請自己的朋友、一位姓石的木匠用斧頭將鼻尖上的白灰砍下來。

石木匠點頭答應了。

只見他毫不猶豫地飛快拿起斧頭，一陣風似地向前揮去，一眨眼工夫就削掉了泥水匠鼻尖上的白灰。看起來，石木匠揮斧好像十分隨意，但他卻絲毫沒有傷著泥水匠的鼻子；泥水匠呢？接受揮來的斧頭也算是不要命的，可他卻穩穩當當地站在那裡，面不改色心不狂跳，泰然自若。倒是旁邊的人為他們捏了一把冷汗。

後來，這件事被宋元君知道了。

宋元君十分佩服這位木匠的高超技藝，便派人把他找了去。宋元君對姓石的木匠說：「你能不能再做一次給我看看？」

木匠搖搖頭說：「小人的確曾經為朋友用斧頭砍削過鼻尖上的白灰。但是現在不行了，因為我的這位好朋友現在已不在人世了，我再也找不到像他那樣跟我有配合默契的人了。」

莊子講完了故事，十分傷感地看著惠施的墳墓，長歎了一口氣，然後自言自語地說：「自從惠施先生去世以後，我也失去了與我配合的人，直到現在，我再也沒有能夠找到一位能與我進行辯論的人了！」

生活哲理

高深的學問和精湛技藝的產生，有賴於一定的外界環境；紅花雖好，還要靠綠葉扶持。

一個人如果不注意從周圍的人和事中吸取營養，他的智慧和技巧是難以得到發揮和施展的。

堅持信念

兩個旅行中的天使到一個富有的家庭借宿。

這家人對他們並不友好，並且拒絕讓他們在舒適的客人臥室過夜，而是在冰冷的地下室給他們找了一個角落。當他們鋪床時，較老的天使發現牆上有一個洞，就順手把它修補好了。年輕的天使問為什麼要這麼做，老天使答到：「有些事並不像它看上去那樣。」

第二晚，兩人又到了一個非常貧窮的農家借宿。

主人夫婦倆對他們非常熱情，把僅有的一點點食物拿出來款待客人，然後又讓出自己的床鋪給兩個天使。

第二天一早，兩個天使發現農夫和他的妻子在哭泣，他們唯一的生活來源，一頭乳牛死了。年輕的天使非常憤怒，他質問老天使為什麼會這樣，第一個家庭什麼都有，老天使還幫助他們修補牆洞，第二個家庭儘管如此貧窮還是熱情款待客人，而老天使卻沒有阻止乳牛的死亡。

「有些事並不像它看上去那樣。」老天使答道，「當我們在地下室過夜時，我從牆洞看到牆裡面堆滿了金塊。因為主人被貪欲所迷惑，不願意分享他的財富，所以我把牆洞填上了。昨天晚上，死亡之神來召喚農夫的妻子，我讓乳牛代替了她。所以有些事並不像它看上去那樣。」

生活哲理

有些時候事情的表面並不是它實際應該的樣子。如果你有信念，你只需要堅信付出總會得到回報。一開始你可能不會發現，直到後來……

愛吃餃子的富家子弟

有個富家子弟特別愛吃餃子，每天都要吃。但他又特別刁，只吃餡，兩頭的皮尖就丟到後面的小河裡去。

好景不長，在他十六歲那年，一把大火燒光了他家的財產，父母又相繼病逝，留下他身無分文，又不好意思要飯。

鄰居大嫂人非常好，每餐都給他吃一碗麵糊。

他下定了決心要好好發奮讀書。三年後果真考取官位回來，馬上前來感謝鄰居大嫂。

大嫂對他說：

「不用感謝我。我沒有給你什麼，這些都是我收集的。當年你丟的餃子皮尖我都撿起來，曬乾後裝進麻布袋，本來是想備不時之需的。正好你有需要，就又還給你了。」

大官聽完這後，思考良久，良久……

生活哲理

時間是最有情，也是最無情的東西，每個人所擁有的都一樣，非常公平。但擁有資源的人不一定能成功，善用資源的人才會成功。

白天圖生存，晚上求發展，這是二十一世紀對人才的要求。

勇於冒險

有一天，龍蝦與寄居蟹在深海中相遇。寄居蟹看見龍蝦正把自己的硬殼脫掉，只露出嬌嫩的身軀。

寄居蟹非常緊張地說：

「龍蝦，你怎可以把唯一保護自己身軀的硬殼也放棄了呢？難道你不怕有大魚一口把你吃掉嗎？以你現在的情況來看，連急流也會把你沖到岩石裡去，到時候你不死才怪呢？」

龍蝦氣定神閒地回答：

「謝謝你的關心，但是你不瞭解，我們龍蝦每次成長，都必須先脫掉舊殼，才能長出更堅固的外殼，現在面對的危險，是為了將來能發展得更好而作出準備。」

寄居蟹細心思量一下，自己整天只找可以避居的地方，而沒有想過如何令自己成長得更強壯，整天只活在別人的護蔭之下，難怪永遠都在限制自己的發展。

生活哲理

對於那些害怕危險的人，危險無處不在。

每個人都有一定的安全區域，你想跨越自己目前的成就，請不要劃地自限，要勇於接受挑戰充實自我，你一定會發展得比想像中更好。

神父的祈禱

在某個小村落，下了一場非常大的雨，洪水開始淹沒全村，一位神父在教堂裡祈禱，眼看洪水已經淹到他跪著的膝蓋了。一個救生員駕著舢板來到教堂，跟神父說：「神父，趕快上來吧！不然洪水會把你淹死的！」

神父說：「不！我深信上帝會來救我的，你先去救別人好了。」

過了不久，洪水已經淹過神父的胸口了，神父只好勉強站在祭壇上。這時，又有一個員警開著快艇過來，跟神父說：「神父，快上來，不然你真的會被淹死的！」神父說：「不，我要守住我的教堂，我相信上帝一定會來救我的。你還是先去救別人好了。」

又過了一會，洪水已經把整個教堂淹沒了，神父只好緊緊抓住教堂頂端的十字架。一架直升飛機緩緩的飛過來，飛行員丟下了繩梯之後大叫：「神父，快上來，這是你最後的機會了，我們可不願意見到你被洪水淹死！」

神父還是意志堅定的說：「不，我要守住我的教堂！上帝一定會來救我的。你還是先去救別人好了。上帝會與我同在的！」

洪水滾滾而來，固執的神父終於被淹死了……神父上了天堂，見到上帝後很生氣的質問：「主啊，我終生奉獻自己，戰戰兢兢的侍奉您，為什麼您不肯救我！」

上帝說：「我怎會不肯救你？第一次，我派了舢板來救你，你不要，我以為你擔心舢板危險；第二次，我又派一艘快艇去，你還是不要；第三次，我再派一架直升飛機來救你，結果你還是不願意接受。所以，我以為你急著想要回到我的身邊來，可以好好陪我。」

生活哲理

生命中有太多的障礙，皆是由於過度的固執與愚昧的無知所造成。在別人伸出援手之際，別忘了，唯有我們自己也願意伸出手來，人家才能幫得上忙！

釋放自己的壓力

某人在公司裡的人緣很好，他本身的性情很好、待人和善，幾乎沒人看他生氣過。

有一次朋友經過他家，順道去看看他，卻發現他正在頂樓上對著天上飛過來的飛機吼叫，就好奇的問他原因。

他說：「我住的地方靠近機場，每當飛機起落時都會聽到巨大的噪音。後來，當我心情不好或是受了委屈、遇到挫折，想要發脾氣時，我就會跑上頂樓，等待飛機飛過，然後對著飛機放聲大吼。等飛機飛走了，我的不快、怨氣也被飛機一併帶走了！」

原來他知道如何適時宣洩自己的情緒。

生活哲理

一味的壓抑心中不快，並不能解決問題。在生活步調緊湊繁忙的現今社會中，人人都應學習如何舒解自己的精神壓力，如此才能活出健康豁達的人生！

有一些壓力是必須的，就像船，必須要有些東西去壓船，才能航行。

改變自己

有一隻小鳥正在忙著收拾家當準備搬家，卻遇到牠的鄰居。

牠的鄰居問：「你要往那裡去？」

小鳥答：「我要搬到東邊的樹林去。」

鄰居又問：「這裡住得蠻好的，為甚麼要搬呢？」

小鳥就答：「你真是有所不知！這裡的人都討厭我的歌聲，說我唱得太難聽，所以我必須搬家。」

鄰居就答道：「其實你不用搬家，只要改變唱歌的聲音便可以了。如果你不改變唱歌的聲音，就算你搬到東邊的樹林去，那裡的人也一樣會討厭你的。」

生活哲理

如果一個人不懂得自我反省，無論他去到世界任何一個地方，他都會犯上同樣的錯誤，最終只會落得心力交瘁、精疲力竭，不知道自己應該要歸向何處。

人不可太貪心

從前，楚地有個人，財迷心竅，非常貪心，卻又不願意好好做事，自己養活自己，總是異想天開的期待能發大財。於是他找了一大堆歪門邪道的書回來研究，還成天念著：「怎樣才能不費吹灰之力得到一大筆錢呢？」指望能從這些書中找到不勞而獲的竅門。

有一天，他正在看一本叫《淮南子》的書，已經看了很久了，還是一無所獲，不禁失望得很，準備乾脆睡覺去算了。忽然，他的視線落在隨便翻到的一頁上，定住了。只見書上有這麼一句話：「人如果能得到螳螂捕蟬時用來隱蔽自己的那片樹葉，就可以隱形。」

這個人信以為真，大喜過望，扔下書就急急忙忙地跑到山上的樹林裡去找隱身葉。他仰著脖子仔細地到處看啊、找啊，幾個時辰下來，脖子痠痛到不行，難受極了。

皇天不負有心人，他終於找到了。在一片樹葉後面，一隻螳螂潛伏著，伺機撲向身前即將到口的蟬兒。這個人趕忙爬到樹上，把這片葉子摘下來，如獲至寶般地捧在手裡。

忽然一陣風吹過來，葉子飄走了，落到地上，和早已落了厚厚一層的落葉混在了一起。這人跑過去，瞪大眼睛看了又看，怎麼也分辨不出究竟哪一片才是他剛才摘到的樹葉。無奈，他只得把這一大堆樹葉全都掃到背簍裡帶回去。

回到家裡，他把帶回來的樹葉全都倒在地上，順手拿了一片擋在臉前問妻子：「喂，你看得見我嗎？」妻子正忙著做家務，隨便瞟了他一眼，漫不經意地回答：「看得見！」這人就又拿了一片葉子遮住臉問：「你看得見我嗎？」妻子還是回答說：「看得見！」

這樣反反覆覆問了幾百遍，妻子每次都回答「看得見」。到最後，妻子實在是不耐煩了，就隨口敷衍地說：「看不見了，看不見了！」

這人聽了，以為終於找到隱身葉子了，欣喜若狂。他將葉子小心地藏在身上，手舞足蹈地對妻子說：「你在家裡等著吧！我們馬上就要發大財，過好日子了。」說完，也不顧妻子一臉的驚詫，就自個兒跑到市場上去了。

市場上做生意、買東西的人熙熙攘攘，熱鬧非凡。大大小小的鋪子裡各色貨物應有盡有：衣服、鞋子、首飾……真是琳琅滿目，這個人眼都看花了。

終於，他選中了一件貴重的頭飾，取出葉子遮住臉，伸手就往櫃檯裡去拿。店裡的夥計先是吃驚地看著他，不明白他為什麼這麼倡狂，一會兒終於回過神來，一把抓住他的手大叫道：「來人哪，快來抓強盜啊！」附近的人們聞聲趕來，把這個人扭送到了縣衙門。

生活哲理

故事中這個貪財的人利慾薰心，直至喪失了理智，可見貪心有多麼可怕。像他這樣被物質利益迷住了心竅，不惜去做損害別人的事，必然會得到被繩之以法的下場。

鼴鼠的旅遊夢

小鼴鼠有心要見見世面。聽說陽光下有青的山、綠的水，水中有漫游的魚群；河岸上是盛開的鮮花、結著碩果的樹木；樹上棲息著五彩的孔雀，嬌小的黃鶯在枝頭婉啼……。

啊，這一切多麼富於誘惑力！小鼴鼠非去飽覽地面上的風光不可了，因為，牠這個時候的眼力還是挺不錯的。

剛打從地面的洞口出去，小鼴鼠高興地跑著，才跑了幾步，慈母的聲音便從後面追了上來：「乖乖，你是不會游水的，小溪小河雖然幽美，掉進水裡，『咕嚕咕嚕』幾口水會嗆死你的！」

「我該怎麼辦？」小鼴鼠停下來回頭問。

「千萬小心，絕對不能到水邊去。」

「記住啦！」小鼴鼠應著，放慢了腳步。

「小寶貝，等一等，」小鼴鼠剛走了十多步，母親的聲音又從後面響起，「我忘了提醒你，樹上的果子又大又多，成熟了，風一吹便會掉下來，一落到頭上，會將你的腦袋砸扁。」

「媽媽，這真可怕呀，有什麼好辦法防止嗎？」小鼴鼠大驚失色地問。

「牢牢記住：凡樹底下不要走！」

小鼴鼠應了一聲，慢吞吞地往前爬動。不一會鼴鼠媽媽從後面趕上來，上氣不接下氣地叮囑道：「乖兒子，你大概沒聽說過，從草地上穿行，空中會有老鷹撲下，往山路上走動，會碰見攔路猛虎……稍微不留心，我就再也見不到你了！」

「我到底該怎麼辦？」小鼴鼠急得快要哭出來了。

「你每走一步，便停一停，把上下左右看分明，再往前邁第二步。」母親歎了口氣，接著說，「孩子，既然留不住你，就只好讓你去旅行……」

鼴鼠媽媽回到洞裡，照例掘著地道。第二天，鼴鼠媽媽往前打洞時，和另一隻挖洞的鼴鼠碰上了。當牠撥開泥土一摸，竟是自己的兒子！

「孩子，你還在這裡？」母親又驚又喜地問。

「是的，媽媽，」小鼴鼠溫順地回答，「聽了您昨天的幾次吩咐，我覺得我還是一直待在附近挖洞比較好。」

直到如今，鼴鼠已不再做去地面旅遊的美夢。

最後，牠的一雙眼睛完全退化，再也看不見任何東西了。

生活哲理

做事畏首畏尾，是永遠辦不好事情的。做人不能學鼴鼠，而是應該勇往直前，這樣才能實現自己的目標。

真正的美

瓊安娜躺在整形外科的椅子上，接受著醫生的檢查。一位醫術高超的男醫生，手指正輕輕地摩擦著她臉上的那塊扭曲變形的肌肉。

「呃，」他溫和地問道，「妳是模特兒嗎？」

瓊安娜想：模特兒？他是在開玩笑還是在嘲笑我？絕對不會有人將我與模特兒混為一談，因為我實在太醜了！我臉上的傷疤可以證明一切。

她注視著他那英俊的面龐，看是否能找到一絲嘲笑的痕跡。同時，她沉浸在過去的回憶中。

在瓊安娜小學四年級的時候，一天，鄰居家的小男孩撿起一個石塊，使勁地投擲出去，正好劃破了她的一側臉頰。醫院急診室的醫生用羊腸線穿過那被劃破的肌肉和皮膚，小心地進行了縫合。就這樣，在那年剩下的日子裡，她臉上的那道傷痕，一直腫得很高，從顴骨到下巴都被一條巨大的繃帶纏繞著。

那次事故後過了幾個星期，在一次體檢中，她又被查出患了近視。於是，在那個難看的繃帶之上，她又戴上了一副又大又土且鏡片很厚的眼鏡。在她的腦袋周圍，有一團短短的、不協調的捲髮，就像是過期的麵包上長了黴菌一樣醒目。

「呃，不論怎麼樣，」那天晚上，她父親嘆了口氣說，「對我來說，妳永遠都很漂亮。」

瓊安娜竭力裝作好像聽不到學校裡的其他孩子對自己的嘲笑，好像看不出自己與那些深受老師寵愛的小女孩間有什麼不同，好像她從沒有在浴室的鏡子裡看見自己的容顏似的。但是，瓊安娜一直認為，在這個非常重視外貌的社會裡，一個醜陋的小女孩無疑是要遭到鄙視與拋棄的。她的外表給她帶來了無盡的痛苦。

然而傷心和哭泣又有什麼用呢？最後她決定，即使自己不能變得漂亮，但至少自己也得梳洗得整潔乾淨。她學會了設計自己的髮型，佩戴隱形眼鏡，並且學會了給自己化妝。如今，她正忙著準備結婚。而她臉上的這塊隨著時間逐漸萎縮、暗淡下去的傷疤，在她和即將到來的新生活之間又突顯了出來。

「不，我當然不是模特兒。」從回憶中回過神來的瓊安娜有些氣憤，沒好氣地答道。

見她有些生氣，這位整形外科醫生把他的胳膊交叉著抱在胸前，以評論的眼光看著她，「妳為什麼這麼在意這塊傷疤呢？如果不是有什麼職業上的需要，一定非要把它去掉不可的話，是什麼原因讓妳到這裡來的呢？」

聽了他的話，猛然之間，那些瓊安娜曾經熟識的男人們、那些痛苦的回憶又在她的眼前一幕幕閃現著。記得在一次由女孩邀請男孩跳舞的晚會上，她先後邀請了八個男孩，但都被一一拒絕了。從上大學時起，漠視她的男人幾乎可以排成隊了……直到如今，終於有一個男人願意與她結婚，然而當她抬起手，撫摸著自己的臉龐的時候，那塊傷疤仍舊還在她的臉上，她覺得自己仍舊是醜陋的。

這時，醫生拉過一把旋轉椅，緊挨著她坐了下來。

「想聽聽我的看法嗎？想知道我都看到了些什麼嗎？」他的目光深邃又溫柔，他的聲音低沉又富有磁性，「我看到的是一個美麗的女人。雖然並不完美，但卻是一個美麗的女人。妳知道勞倫・赫頓和伊莉莎白・泰勒嗎？勞倫・赫頓的門牙與門牙之間有一個很大的縫隙，而伊莉莎白・泰勒的額頭上則有一塊很小的傷疤。」他頓了頓，遞給了她一面小鏡子，繼續說，「我常常這樣想，一個女人即使有這樣或那樣的缺憾又有什麼妨礙呢？我相信她的缺憾只會使她的美麗變得更加非同尋常！」

然後，他把手向後滑過去，並站了起來。「記住，一個女人真正的美來自於她的內心世界。相信我，這是我的職業告訴我的。」

說完，他就離開了。

瓊安娜靜靜地看著鏡子裡，那個有著一塊傷疤的臉。他說得很對，不知什麼原因，經過了這麼多年，那個醜陋的小女孩已經變成了一個美麗的女人。從接受他治療的那天開始，作為一個靠著在數百人面前發表演講為生的女人，瓊安娜已經多次聽到人們對她說她是多麼的美麗了。

當瓊安娜改變了對自己的看法後，別人也跟著改變了對她的看法。雖然醫生不能撫平她臉上的傷疤，但是，他卻撫平了她心靈的傷疤。

生活哲理

並不是所有身體上的缺陷都需要克服，都會給你帶來阻礙，有些缺陷你不必太在意，這樣，別人也就不會去注意它了。

快樂是一種心情

宋朝元豐某年，蘇東坡被貶官，來到黃州。

這天晚上，蘇東坡坐在桌前，取出四五百錢，分成三十份。他的妻子季章把錢裝入三十只小布袋中，然後用繩子將小布袋一一掛到樑上。

蘇東坡的長子蘇邁，好奇地望著這一切，不解地問：「爹，為什麼要將錢分成三十份掛起來？」

蘇東坡說：「這就叫過日子，每天一份，一百五十錢，只准餘，不准缺。」

「至於掛在樑上，那是杭州賈耘老的辦法」，蘇東坡接著說，布袋一天比一天少，日子一個一個過去了，它能提醒你不要虛度光陰，要珍惜每一天。

父子倆正在說話間，有人敲門，進來的是鄰居龐安常醫生，龐醫生和蘇東坡是好朋友。因為城裡幾個財主聯合起來修南天門，託龐醫生請蘇東坡題字，蘇東坡一口應允。兩人談得投機，到三更時分，龐安常才離去。

龐安常走後，蘇東坡鋪開宣紙，欣然揮毫。剛寫到「南天」兩字，忽然傳來蘇邁的驚叫聲：「抓賊，抓賊！」蘇東坡大吃一驚，扔下筆，大步衝出書房，正好與那個盜賊撞個滿懷，盜賊倒在地上，嚇得渾身發抖。

這時，季章掌燈，蘇邁手持棍棒，三個人將賊團團圍住。那盜賊慌忙掏出小錢袋，連連求饒：「老爺，小的叫阮小三，家住後村，上有老母，下有幼子，日子過不下去，聽說老爺從城裡來，錢多得沒處放，就掛在樑上，所以我就……」

蘇東坡聽了不覺笑出聲來，他叫阮小三打開錢袋數一數，然後說：「這是我們全家每天的生活費，你拿一袋，我就要挨一天餓。」

阮小三一驚：「這一百五十錢的開銷跟我們老百姓差不多，老爺，外面的人都說你有錢，你怎麼會這樣節儉？」蘇東坡微微一笑，回答道：「口腹之欲，何窮之有，每加節儉，亦是惜福延壽之道。」

阮小三聽不懂蘇東坡文謅謅的話，蘇邁解釋道：「我爹的意思是，肉體上的欲望是沒有限度的，你不注意節儉才淪為盜賊。」

阮小三慌忙申辯，說自己是窮得揭不開鍋才出此下策的，而且是第一次。蘇東坡聽他這麼一說，馬上讓蘇邁去請龐安常來作證。

不一會，龐安常來了，一見是阮小三，便跟蘇東坡說，他老母病癱在床，妻子是個啞巴，還有三個孩子，日子過得很苦。蘇東坡聽了十分同情，念他因生活所迫，又是初犯，就放了他。阮小三千恩萬謝，連連磕頭，然後轉身要走。

忽然，蘇東坡叫住他，自己轉身到書房，揮動大筆，在宣紙上點了一個形似錢袋的墨點，然後將那宣紙捲好，送給阮小三。跟他說，那架上的錢袋只有一百五十錢，拿去也派不了用場，這個紙袋有一萬錢，叫他好好保護，阮小三接過紙，半信半疑，不便多問，在一旁的龐醫生見了也覺奇怪，問蘇東坡葫蘆裡賣的是什麼藥，蘇東坡笑而不答，他要龐安常通知那幾個財主，明天一早來取他的題字。

第二天，幾個財主來到蘇東坡家取墨寶，他們一看題字，蒼勁有力，非同一般，心中十分高興，突然發現南天門的「門」字少了一筆，連忙請教蘇東坡是何緣故，蘇東坡笑笑說：「噢，我想起來了，這一點嘛，忘在後村阮小三家裡了，你們去取吧！」

此時阮小三正在家裡端詳那張宣紙上的墨點，他想：這一點就值一萬錢，會不會蘇老爺在捉弄我？文人會開玩笑，也許這一點是在罵我一點都不懂。他正想得出神，幾個財主上門來了，他們向阮小三要那個墨點。阮小三想起蘇東坡的話，開價一萬錢，少一錢也不給，財主知道蘇東坡的墨寶值錢，只好答應了。

財主走後，阮小三將一萬錢分成兩份：一千錢給自己，九千錢用布包好，給蘇東坡送去。蘇東坡不肯收，他對阮小三說：「我每天一百五十錢，足矣足矣。」

阮小三不懂，他問蘇東坡：「老爺你渾身是寶，寫一點就值一萬錢，為什麼日子過得如此清苦？」

蘇東坡笑道：「君子倡儉，一日安分以奉福，二日寬胃以養氣，三日少費以養財，此乃三養也。」

阮小三當然不懂三養的涵義，但蘇東坡那種倡儉的美德，那種過日子的精神，被後人引為楷模。

生活哲理

快樂是一種心情，一種感覺。它並非以金錢的多寡來決定，也不以財富的多寡來衡量。節儉可以快樂，而如果一個人淪為財富的奴隸，那麼對他而言，也就沒有什麼快樂了。

不要為失敗找藉口

農夫的勞動收成常常取決於天氣，也許春天風調雨順，以為今年會豐收，不料夏天一直不下雨，收穫自然就比預想中的少；有時正在為麥子遭災而苦惱時，果樹卻結出了壘壘的果實。

雖然農夫每年都祈求豐收，但真正有好收成的時候並不多。

農夫再也無法忍受了，他對地神抱怨說：「您真的能保證我們享受太平嗎？我看未必！我明明虔誠地祈求，怎麼還是和去年一樣的鬧饑荒？如果我是您，我會好好地計畫雨天和晴天，讓大家年年豐收。也許您根本就聽不進去我的話，但是，如果能夠讓我控制天氣，我就會……」

地神說：「好吧！就讓你試試看。」

農夫高興地說：「我現在需要雨……」話還沒有說完，他的田地的上空果然下起雨來了。

他又試了一次：「出太陽！」雨停了，陽光和煦地照射著田地。

年輕的農夫能夠自由掌控自己田地的天氣，於是他歡天喜地開始工作。首先，耕田播種，種子播完之後，他說：「下雨！」馬上就下起了雨，一直下到他喊停為止，然後讓太陽出來溫暖田地，過了幾天，芽就冒出來了。到這裡為止，一切都很順利。

農夫不斷地下令下雨或者放晴，自己完全掌控著天氣。

為了讓秧苗快點長大，他就把陽光加強了許多，直到看到秧苗快要枯萎了，便又急忙命令下大雨，因為急著回家，他忘記了停止降雨。

一年下來，別人都和平常一樣收穫到糧食，年輕的農夫卻為了操控天氣而費盡心力，不是陽光太強，就是雨水太多……最後什麼收成也沒有，反而打自己弄得筋疲力盡。

他感覺自己再也無力去掌控天氣了，於是把改變天氣的能力還給了地神。

生活哲理

很多人在沒有取得理想中的成果時，總是抱怨上天的不公。

其實社會環境對我們每個人都是公平的，不要認為自己的困難比別人大，自己的能力比別人強，自己的付出比別人多，自己的收穫比別人少。

Chpater 04

知足常樂

人生的選擇

有一位父親，在他很小的時候父母就去世了，他成了一名孤兒，孤苦伶仃，一無所有，流浪街頭，受盡磨難。

最後終於創下了一份不菲的家業，而他自己也已經到了人生暮年，該考慮辭世後的安排了。

他膝下有兩子，風華正茂，一樣的聰明，一樣的踏實能幹。

幾乎所有的人包括他自己，都認為應該把財產一分為二，平分給兩個兒子。但是，在最後一刻，他改變了主意。

他把兩個兒子叫到床前，從枕頭底下拿出一把鑰匙。

抬起頭，緩慢而清楚地說道：「我一生所賺得的財富，都鎖在這把鑰匙能打開的箱子裡。可是現在，我只能把這把鑰匙給你們兄弟二人中的一人。」

兄弟倆驚訝地看著父親，幾乎異口同聲地問道：「為什麼？這太殘忍了！」

「是，是有些殘忍，但這也是一種善良。」父親停了一下，又繼續說道：「現在，我讓你們自己選擇。選擇這把鑰匙的人，必須承擔起家庭的責任，按照我的意願和方式，去經營和管理這些財富。拒絕這把鑰匙的人，不必承擔任何責任，生命完全屬於你自己，你可以按照自己的意願和方式，去賺取我箱子以外的財富。」

兄弟倆聽完，心裡開始有了動搖。

接過這把鑰匙，可以保證你一生沒有苦難，沒有風險，但也因此而被束縛，失去自由。拒絕它？畢竟箱子裡的財富是有限的，外面的世界更精彩，但是那樣的人生充滿不測，前途未卜，萬一……。

父親早已猜出兄弟倆的心思，他微微一笑：「沒錯，每一種選擇都不是最好，有快樂，也有痛苦，這就是人生，你不可能把快樂集中，把痛苦除掉。最重要的是要瞭解自己，你想要的是什麼？是要過程，還是要結果？」

兄弟倆豁然開朗。

哥哥說：「弟弟，我要這把鑰匙，如果你同意的話。」

弟弟微笑著對哥哥說：「當然可以，但是你必須答應我，好好管理父親的基業。如果你能答應我的話，我就可以放心去闖蕩了。」二人權衡利弊，最終各取所需。

這樣的結局，與父親先前所預料的不謀而合，因為這時候最瞭解兒子莫過於看著他們長大的父親。

二十多年過去了，兄弟倆的經歷、境遇迥然不同。

哥哥雖然生活舒適安逸，但是並沒有沉淪，把家業管理得井井有條，性格也變得越來越溫和儒雅，特別是到了人生暮年，與去世的父親越來越像，只是少了些銳利和堅韌。

弟弟生活艱辛動盪，幾起幾伏，受盡磨難，性格也變得剛毅果斷。與二十年前相比，相差很大。最苦最難的時候，他也曾後悔過，怨恨過，但已經選擇了，已經沒有退路，只能一往無前，堅定不移地往前走。

經歷了人生的起伏跌宕，他最終創下了一份屬於自己的事業。這個時候，他才真正理解父親，並深深地感謝父親。

生活哲理

人生總是充滿了選擇，每一種選擇都包含著快樂和痛苦。快樂是一種營養，痛苦是比快樂更豐盛的營養，它們共同滋補著人生，讓生命迸發出無限活力和蓬勃生機。

生活不需要太多的包袱

老街上有一個鐵匠鋪，鋪裡住著一位老鐵匠。由於人們不再那麼需要他打製的鐵器，現在他改賣鐵鍋、斧頭和拴小狗用的鏈子。

他每天的收入，剛好夠他喝茶和吃飯。他老了，已不再需要多餘的東西，因此非常滿足。

一天，一個古董商人從老街上經過，偶然間看到老鐵匠身旁的那把紫砂壺——古樸雅致，紫黑如墨，有清代製壺名家戴振公的風格。他走過去，順手端起那把壺。

商人想以十萬元的價格買下那把壺。

壺雖沒賣，但商人走後，老鐵匠有生以來第一次失眠了。

過去他躺在椅子上喝水，都是閉著眼睛把壺放在小桌上，現在卻總要坐起來再看一眼，這讓他感覺非常不舒服。特別不能容忍的是，當人們知道他有一把價值連城的茶壺後，蜂擁而來，有的問還有沒有其他的寶貝，有的甚至開始向他借錢。平靜的生活被徹底打亂了，他不知該怎樣處置這把壺。

最後老鐵匠把那把壺砸了個粉碎。

現在，老鐵匠還在賣鐵鍋、斧頭和拴小狗用的鐵鏈子，今年他已經一〇二歲了。

生活哲理

對於真正享受生活的人來說，任何不需要的東西都是多餘的，他們不會去背這個愚蠢的包袱。生活是簡單的，也是複雜的。你要是和自己過不去，那麼生活也就跟你較勁；你要是善待自己，笑對人生，那麼生活自然就會還你一個簡單快樂的人生。

為了責任

美國一家電視臺出鉅資徵集「十秒鐘驚險鏡頭」活動。許多新聞工作者為此趨之若鶩，徵集活動一時成為人們關注的焦點。在諸多參賽作品中，一個名叫「臥倒」的鏡頭以絕對的優勢奪得了冠軍。

拍攝這十秒鐘鏡頭的作者是一位名不見經傳，剛剛踏入工作崗位的年輕人，對於這個作品，每個人都渴望一睹為快。幾個星期以後，獲獎作品在電視的強檔節目中播出。

那天晚上，大部分的人都坐在電視機前觀看了這一節目，最初是等待、好奇或者議論紛紛，十秒鐘後，每一雙眼睛裡都是淚水。

可以毫不誇張地說，整個美國在那十秒鐘後足足肅靜了十分鐘。

鏡頭是這樣的：在一個火車站，一個扳道工正走向自己的工作崗位，去為一列徐徐而來的火車扳動鐵道岔。這時在鐵軌的另一頭，還有一列火車從相反的方向駛近車站。假如他不及時扳岔，兩列火車必定相撞。

這時，他無意中回過頭一看，發現自己的兒子正在鐵軌那一端玩耍，而那列開始進站的火車就行駛在這條鐵軌上。是搶救兒子，還是扳道避免一場災難——他可以選擇的時間太少了。那一刻，他威嚴地朝兒子喊了聲「臥倒！」同時，衝過去扳動了道岔。

一眨眼的工夫，這列火車進入了預定的軌道。

那一邊，火車也呼嘯而過。車上的旅客絲毫不知道，他們的生命曾經千鈞一髮，他們也絲毫不知道，一個小生命臥倒在鐵軌邊上——火車在轟鳴著駛過，孩子絲毫未傷。那一幕剛好被一個從此經過的記者攝入鏡頭中。人們猜測，那個扳道工一定是一個非常優秀的人。

後來，人們才漸漸知道，那個扳道工是一個普普通通的人。

他唯一的優點就是忠於職守，沒誤工過一秒鐘。

而更讓人意想不到的是，他的兒子是一個弱智兒童。

他告訴記者，他曾一遍一遍地告訴兒子說：「你長大後能做的工作太少了，你必須要有一樣是出色的。」兒子聽不懂父親的話，依然傻呼呼的，但在生命攸關的那一秒鐘，他卻「臥倒」了——這就是他在跟父親玩打仗遊戲時，唯一聽懂，並做得最出色的動作。

生活哲理

生命不能長青，人生不能永恆。上帝在給予我們生命之前，就已決定最終將他剝奪，但在生命還沒被剝奪之前，我們必須執著於生，都要努力地活著。你是否知道，要有多少個偶然才能造就生命的存在。正因為如此，無論遭到了什麼不幸，我們都應該找到生存下去的理由，活出一種姿態，活出一種自信，為了一種責任，更是為了一種尊嚴。

把握幸福

在很久很久以前，有一座聖安禪寺，每天都有許多人去上香拜佛，香火很旺。在聖安禪寺前的橫樑上有隻蜘蛛結了張網，由於每天都受到香火和信眾虔誠祭拜的薰陶，蜘蛛便有了佛性。經過了一千多年的修煉，蛛蛛佛性增加了不少。

忽然有一天，佛祖光臨了聖安禪寺，看見這裡香火甚旺，十分高興。離開寺廟的時候，不經意間抬頭看見了橫樑上的蛛蛛。佛祖停下來，問這隻蜘蛛：「你我相見總算是有緣，我來問你一個問題，看你修煉了這一千多年來，有什麼真知灼見？」蜘蛛遇見佛祖很是高興，連忙答應了。佛祖問到：「世間什麼才是最珍貴的？」蜘蛛想了想，回答到：「世間最珍貴的是『得不到』和『已失去』。」佛祖點了點頭，離開了。

就這樣又過了一千年的光景，蜘蛛依舊在聖安禪寺的橫樑上修煉，牠的佛性大增。一日，佛祖又來到寺前，對蜘蛛說道：「一千年前的那個問題，你可有什麼更深的認識嗎？」蜘蛛說：「我覺得世間最珍貴的是『得不到』和『已失去』。」佛祖說：「你再好好想想，我會再來找你的。」

又過了一千年，有一天，刮起了大風，風將一滴甘露吹到了蜘蛛網上。蜘蛛望著甘露，見它晶瑩透亮，很漂亮，頓生喜愛之意。蜘蛛每天看著甘露很開心，牠覺得這是三千年來最開心的幾天。突然，又刮起了一陣大風，將甘露吹走了。蜘蛛一下子覺得失去了什麼，感到很寂寞和難過。這時佛祖又來了，問蜘蛛：「蜘蛛這一千年，你可好好想過這個問題：世間什麼才是最珍貴的？」蜘蛛想到了甘露，對佛祖說：「世間最珍貴的是『得不到』和『已失去』。」佛祖說：「好，既然你有這樣的認識，我讓你到人間走一遭吧！」

就這樣，蜘蛛投胎到了一個官宦家庭，成了一個富家小姐，父母為她取了一個名字叫蛛兒。一晃眼，蛛兒已經十六歲了，成了一個婀娜多姿的少女，長的十分漂亮，楚楚動人。

這一日，皇帝決定在後花園為新科狀元郎甘鹿舉行慶功宴席。來了許多妙齡少女，包括蛛兒，還有皇帝的小公主長風公主。狀元郎在席間表演詩詞歌賦，大獻才藝，在場的少女無一不被他折服。但蛛兒一點也不緊張和吃醋，因為她知道，這是佛祖賜予她的姻緣。

過了些日子，說來很巧，蛛兒陪同母親上香拜佛的時候，正好甘鹿也陪同母親而來。上完香拜過佛，二位長者在一邊說話了。蛛兒和甘鹿便來到走廊上聊天，蛛兒很開心，終於可以和喜歡的人在一起了，但是甘鹿並沒有表現出對她的喜愛。蛛兒對甘鹿說：「你難道不曾記得十六年前，聖安禪寺的蜘蛛網上的事情了嗎？」甘鹿很詫異，說：「蛛兒姑娘，妳長得漂亮，也很討人喜歡，但想像力也未免太豐富了吧！」說罷，和母親離開了。

蛛兒回到家，心想，佛祖既然安排了這場姻緣，為何不讓他記得那件事，甘鹿為何對我沒有一點的感覺？

幾天後，皇帝下召，命新科狀元甘鹿和長風公主完婚，蛛兒和太子芝草完婚。這一消息對蛛兒如同晴空霹靂，她怎麼也想不通，佛祖竟然這樣對她。幾日來，她不吃不喝，窮究急思，靈魂就將出竅，生命危在旦夕。太子芝草知道了，急忙趕來，撲倒在床邊，對奄奄一息的蛛兒說道：「那日，在後花園眾姑娘中，我對妳一見鍾情，我苦求父皇，他才答應。如果妳死了，那麼我也不想活了。」說著就拿起了寶劍準備自刎。

就在這時，佛祖來了，他對快要出竅的蛛兒靈魂說：「蜘蛛，妳可曾想過，甘露（甘鹿）是由誰帶到妳這裡來的呢？是風（長風公主）帶來的，最後也是風將它帶走的。甘鹿是屬於長風公主的，他對妳不過是生命中的一段插曲。而太子芝草是當年聖安禪寺門前的一棵小草，他看了妳三千年，愛慕了妳三千年，但妳卻從沒有低下頭看過他。蜘蛛，我再來問妳，世間什麼才是最珍貴的？」蜘蛛聽了這些真相之後，好像一下子大徹大悟了，她對佛祖說：「世間最珍貴的不是『得不到』和『已失去』，而是現在能把握的幸福。」剛說完，佛祖就離開了，蛛兒的靈魂也回位了，睜開眼睛，看到正要自刎的太子芝草，她馬上打落寶劍，和太子深深的抱著……

的確，有的人在得不到的時候，總是垂涎三尺，有的人卻在擁有的時候，不去珍惜，當一切都成為過眼雲煙的時候，又開始後悔。世間最珍貴的不是「得不到」和「已失去」，而是現在能把握的幸福。

乞丐有乞丐的美夢，富翁有富翁的煩惱。沒錢的時候，嚮往有錢的生活；有錢的時候，嚮往沒錢的時候。單身的時候，嚮往愛情的浪漫；結了婚以後，嚮往獨身的自由。忙碌的時候，嚮往閒暇時的輕鬆；閒暇的時候，嚮往忙碌時的充實。

生活哲理

幸福的味道不是甜蜜，而是平淡；不是濃烈的芬芳，而是淡淡的幽香。在這個世界上，每個人有自己的位置，每個人也都有自己的追求。有人喜歡烈火般的刺激，有人喜歡清水般的寧靜。選擇適合自己的生活，便是真正的幸福。

不要給自己白眼

有個年輕人常抱怨自己的命不好。常常在人前說著自己的腦筋不好、長得難看、而且又沒錢。

他跑到深山裡向智者訴苦，求智者替他想想辦法，去去霉運。

智者聽了這個人對自己的不滿之後，語重心長地說：

「聽了你的遭遇，感覺命運對你的確不公平。不過我認為，對你最不公平的不是命運，而是另有其人。」

「嗯?是誰?」

年輕人急切地問。

「你，就是你自己。別人可能會在背後說著你的「不幸」，也可能大家根本就沒在意你的「不足」，而只有你，一直念念不忘自身存在的短處。別人或許冷不防給你一次白眼，而你卻三番五次、不厭其煩給自己白眼。你說，你算不算是對自己最不公平的那個傢伙。」

「我聽不懂。你的話太深奧了。我的腦子不靈光，麻煩您把話說得白一些。」

年輕人怔怔地說道。

「你說，是誰一天到晚說你的頭腦不好？」

「好像是我。」

「是誰一天到晚說你長得很難看？」

「是我。」

「是誰一天到晚說你身上沒有錢？」

「我。」

「你找到改變命運的方法了嗎？」

「謝謝。我懂了。」

其實，一個人跟自己搞好關係遠比跟別人搞好關係更為重要。

跟別人關係沒搞好，大不了前途受到細微影響，困擾是暫時的，總會有雨過天晴的那一天，而跟自己搞不好關係，那可是困擾人一生的心病，始終生活在自我框架的陰雲裡，嚴重時還會給自己招來「滅頂之災」。只要你不自我否定，任何人都不能否定你。

長出來的月亮

有一個國王非常疼愛的小公主，有一天她生病了，於是她撒嬌地告訴疼愛她的國王說，如果她能擁有月亮，病就會好。

愛女心切的國王立刻召集天下聰明智士，要他們想辦法摘下月亮，但無論是總理大臣、宮廷魔法師，還是宮廷數學家，沒有一個人能夠完成任務。縱然他們每個人在過去都完成過許多極富挑戰的任務，但要摘下月亮，誰都沒有辦法。

而且，他們分別對摘下月亮的困難有不同的說辭：總理大臣說它遠在三萬五千里之外，比公主的房間還大，而且是由熔化的銅組成的；魔法師說它有十五萬里遠，用綠乳酪做的，而且大小整整是皇宮的兩倍；數學家說月亮遠在三十萬里之外，又圓又平，像個錢幣，有半個王國大，還被黏在天上，不可能有人能夠把它摘下下來……。

國王面對這些「不可能」，又煩又氣，只好叫宮廷的小丑為他彈琴解悶。

小丑問明了一切後，得出了一個結論：如果這些有學問的人說得都對，那麼月亮的大小一定和每個人想的一樣大、一樣遠。所以，當務之急是弄清楚小公主心目中的月亮有多大、有多遠。

國王一聽，茅塞頓開，吩咐小丑解決這個難題。

小丑立即到公主的房裡探望她，並順口問公主，月亮有多大？

「大概比我拇指的指甲小一點兒吧！」公主說，因為她只要把拇指的指甲對著月亮就可以把它遮住了。

那麼有多遠呢？

「不會比窗外的那棵大樹高！」公主之所以這麼認為，因為有時候它會卡在樹梢間。

用什麼做的呢？

「當然是金子！」公主斬釘截鐵地回答。

比拇指指甲還要小、比樹還要矮，用金子做的月亮當然容易拿啦！

小丑立時找金匠打了一個小月亮、穿上金鏈子，給公主當項鏈，公主高興極了，沒幾天病就好了。

但是國王仍舊很擔心。到了晚上，真月亮還是會掛在天上，如果公主看到了，謊言不就被揭穿了嗎？

於是，他又召集了那班「聰明人」，向他們徵詢解決問題的方法，怎樣才能不讓公主看見真正的月亮呢？

有人說讓公主戴上墨鏡，有人說把皇宮的花園用黑絨布罩起來，有人說天黑之後就不住地放煙火，以遮蔽月亮的光華……當然，沒一個主意可行。

怎麼辦？心急的國王深恐小公主一看見真月亮就會再次生病，但又想不出解決方法，只好再次找來小丑為他彈琴。

小丑知道了那些聰明大臣的想法後，告訴國王，那些人無所不知，如果他們不知道怎樣把月亮藏起，那就表示月亮一定藏不住。這種說辭，只能讓國王更沮喪。眼看著月亮已經升起來了，他看著就快照進公主房間的月亮，大叫：「誰能解釋，為什麼月亮可以同時出現在空中，又戴在公主的脖子上？這個難題誰能解？」

小丑靈機一動，他提醒國王，在大家都想不到如何拿到月亮的方法時，是誰解決了這個難題呢？是小公主本人，她比誰都聰明。現在，又有難題出現了，不問她，還問誰？

於是，在國王來不及阻止的瞬間，他就趕到了公主的房間，向公主提出了這個問題。

沒想到公主聽了哈哈大笑，說他笨，因為這個問題太簡單了，就像她的牙齒掉了會長出新牙，花園的花被剪下來仍會再開一樣，月亮當然也會再長出來啦！

哈！困擾了所有聰明人的問題，原來對小公主根本不是問題呀！

你可能會覺得它只不過是一個哄小孩的故事，但它在可愛中提醒了我們每個人幾乎都會犯的一個錯誤：我們會自以為是地以自己的觀點去想像他人的意思。

現實世界中的我們何嘗不是如此，我們總是主觀地去看待別人的問題，主觀地試圖為別人解決困難，殊不知在別人心中，我們所謂的問題根本不像我們以為的那樣，甚至根本不存在，我們只是庸人自擾而已。

生命之舟

一隻飄搖的生命之舟，從時空的長河中緩緩駛來。

舟中有一個剛剛誕生的生命，他不會說，不會笑，不會跳，不會鬧，也不會思考，他只是沉睡著，遠處傳來一個聲音：「你從何處來？要到何處去？」

剛誕生的小生命重覆道：「我從何處來？要到何處去？」

生命之舟在時空的長河中默默前行。

忽然，又傳來一個聲音：「等一等！我們想與你一同旅行，請載我們同去！」隨著聲音傳來的方向看去，只見痛苦與歡樂、愛與恨、善與惡、得與失、成功與失敗、聰明與愚鈍，手拉著手游向生命之舟。

痛苦從左邊上了船，歡樂從右邊上了船；愛從左邊上了船，恨從右邊上了船……

待這些人生的伴侶們進到了船艙，這艘飄搖的生命之舟頓時沉重了許多，艙中的氣氛頓時活躍了，哭聲和笑聲接連從舟中傳出來。

忽然，又一個喊聲傳來：「等一等！等一等，還有我們。」隨著聲音，只見清醒與糊塗、路人與朋友雙雙攜手游來。清醒從左邊上了船，糊塗卻遲遲不肯上去。路人從左邊上了船，朋友也遲遲不肯上去。

「喂！怎麼回事？朋友！糊塗！你們快上來呀！」一個聲音招呼著他們。

「不！除非糊塗先上去，我才會上去！否則，生命是容不下我的！」朋友說。

「不！我也不想上去，我知道我是不受歡迎的。」糊塗說。

「請上船吧，糊塗！你知道你在我的一生中多麼重要嗎？我要得到朋友，必須先得到你，我要成就一番事業，沒有你是萬萬不行的。」船中的生命呼喚著。

於是，糊塗猶猶豫豫地上了船，朋友緊跟著也上去了。飄搖的生命之舟，在時空長河中滿載著前行。

這時，後面又傳來了呼喚聲：「等等我，別忘了我！我一直在追隨著你哪！」這是死亡的呼喊。

生命之舟沒有停下，不知是它沒有聽見，還是不願聽見死亡的聲音。

生命之舟繼續向它的「去處」駛去。死亡緊緊地在後面追趕著。

生活哲理

生命如船，生命之舟載不動太多的物欲和虛榮，要想使船在抵達彼岸時不在中途擱淺或沉沒，就必須輕載，只取需要的東西，把不應該要的擱下。

拋去誘惑

一隻善良的朱頂雀去幫小鳥找食物吃。朱頂雀最近剛做了父親，牠非常高興，一路上又唱又叫地飛走了，準備盡力撫養自己的孩子。

可是意外的事情發生了，正當牠嘴裡叼著小蟲子飛回來的時候，自己的窩卻空了。

朱頂雀一邊呼喚，一邊痛哭，四處尋找自己的孩子。那淒涼的呼喚在森林裡迴盪，只是沒有回應。

朱頂雀只好飛向別處，牠飛過城市的房屋瓦頂，那裡只有煙囪吐著濃煙。朱頂雀在哪兒也沒有發現孩子的蹤影。失去了希望和歡樂的朱頂雀在樹枝上縮成一團。

正當牠已經絕望的時候，忽然飛過來一隻蒼頭燕，牠看到朱頂雀傷心絕望地在樹枝上停留著，便問朱頂雀是怎麼回事。

朱頂雀見蒼頭燕問，於是便把事情的經過告訴了牠，聽到朱頂雀的傾訴，蒼頭燕也表示很同情，牠對朱頂雀說道：「你有沒有去農夫家看過？」

「農夫家？」朱頂雀問道。

「對呀，」蒼頭燕說道，「人類經常抓我們的同類去玩，有的就被吃掉了，所以你去看看應該能有些收穫。」聽到蒼頭燕的話以後，朱頂雀覺得有些失望，又有些希望。

覺得有希望的是：孩子們終於有下落了；失望的是：有下落也未必能夠有活著的希望。

朱頂雀抱著一線希望，開始尋找。最後，牠來到農夫家。

牠飛到屋頂上，什麼也沒有。牠又飛到打穀場上，也是空空的。牠抬起頭，看見窗戶上掛著一個籠子。牠的孩子們被關在籠子裡，成了俘虜！

小朱頂雀看見一隻大朱頂雀，認出那是牠們的父親便發瘋似地喳喳叫，哀求著父親幫助牠們獲得自由。

好心腸的爸爸猛烈地衝擊冷酷的牢籠。用牠的爪子拉扯著鐵欄杆。這是個艱巨的工作，牠無法完成。

朱頂雀傷心地痛哭。牠只能像來時那樣，再飛回去。第二天，朱頂雀又回到關著小鳥的籠子旁。牠望著自己的孩子，隔著鐵欄杆，一個一個地吻著牠們。

牠在籠子裡放了些草，這些都是毒草。小鳥全被毒死了。

生活哲理

在這個世界，有太多的誘惑，人們在追逐這些誘惑時，往往拋棄身體或心靈的自由。他們得到了某些身外之物，卻因此而失去了最寶貴的自由。人世間最可悲的莫過於那些失去了自由還不自知，並以此為樂的人。

打破心中的障礙

有一條魚在很小的時候被捕上了岸，漁夫看牠雖然很小，卻很美麗，便把牠當成了禮物送給了女兒。

小女孩把魚放在一個魚缸裡養，每天牠游來游去總會碰到魚缸的內壁，心裡便有一種不愉快的感覺。

後來魚越長越大，在魚缸裡轉身都困難了，女孩便幫牠換了更大的魚缸，牠又可以游來游去了。

可是每次碰到魚缸的內壁，牠暢快的心情便會黯淡下來，牠有些討厭這種原地轉圈的生活，索性靜靜地懸浮在水中，不游也不動，甚至連食物也不怎麼吃了。

女孩看牠很可憐，便把牠放回了大海。

牠在海中不停的游著，心中卻一直快樂不起來。

一天牠遇見了另一條魚，那條魚問牠：「你怎麼看起來好像悶悶不樂啊！」

牠歎了口氣說：「是啊，因為這個魚缸太大了，我怎麼游也游不到它的邊！」

生活哲理

心就是一個人的翅膀，心有多大，世界就有多大，如果不能打碎心中的四壁，即使給你一片人海，你也找不到自由的感覺。

敞開封閉的心門

有一對兄弟，年齡不過四、五歲，由於臥室的窗戶整天都是密閉著，他們認為屋內太陰暗，只要看見外面燦爛的陽光，就覺得十分羨慕。兄弟倆就商量說：「我們可以一起把外面的陽光掃一點進來。」

兄弟兩人拿著掃帚和畚箕，到陽臺上去掃陽光。但一而再、再而三地掃了許多次，屋內還是一點陽光都沒有。正在廚房忙碌的媽媽看見他們怪異的舉動，問道：「你們在做什麼？」他們回答說：「房間太暗了，我們要掃點陽光進來。」媽媽笑道：「只要把窗戶打開，陽光自然會進來，何必去掃呢？」

生活哲理

把封閉的心門敞開，成功的陽光就能驅散失敗的陰暗。

知足者常樂

有一個人在河邊釣魚，他釣了非常多的魚，但每釣上一條魚就拿尺量一量。只要比尺大的魚，他都丟回河裡。

旁觀人見了不解地問：「別人都希望釣到大魚，你為什麼將大魚都丟回河裡呢？」

這人不慌不忙地說：「因為我家的鍋只有尺這麼寬，太大的魚裝不下。」

生活哲理

不讓無窮的欲念攫取己心，「夠用就好」也是不錯的生活態度。取自己夠用的，不必貪求，這也是一個重要的修煉。

脫掉脆弱的外套

有一個女孩，毫無理由地被老闆炒了魷魚。

中午，她坐在公園噴泉旁邊的一條長椅上黯然神傷，她感到她的生活失去了顏色，變得暗淡無光。

這時她發現不遠處有一個小男孩站在她的身後呵呵地笑。

她好奇地問小男孩，你笑什麼呢？

「這條長椅的椅背是早晨剛油漆過的，我想看看妳站起來時背是什麼樣子。」小男孩說話時一臉得意的神情。

女孩一怔，猛然想到，昔日那些刻薄的同事不正和這小傢伙一樣，躲在我的身後想窺探我的失敗和落魄嗎？我絕不能讓他們的用心得逞，絕不能失去我的志氣和尊嚴！

女孩想了想，指著前面對那個小男孩說：「你看那裡，那裡有很多人在放風箏呢！」

等小男孩發覺到自己受騙而惱怒地轉過頭時，女孩已經把外套脫了拿在手裡，她身上穿的鵝黃的毛線衣讓她看起來既活潑又漂亮。

小男孩甩甩手，嘟著嘴，失望地走了。

生活哲理

生活中的失意隨處可見，真的就如那些油漆未乾的椅背，在不經意間讓你苦惱不已。但是如果已經坐上了，也別沮喪，以一種「猝然臨之而不驚，無故加之而不怒」的心態面對，脫掉你脆弱的外套，你會發現，新的生活才剛剛開始！

首先要檢討自己

甲：新搬來的鄰居好可惡，昨天晚上三更半夜、夜深人靜之時然跑來猛按我家的門鈴。

乙：的確可惡！你有沒有馬上報警？

甲：沒有。我當他們是瘋子，繼續吹我的小喇叭。

生活哲理

事出必有因，如果能先看到自己的不是，答案就會不一樣，在你面對衝突和爭執時，先想一想是否心中有虧，或許很快就能釋懷了。

不同的經歷，不同的感覺

大家都是頭一次玩賽車，除了興奮，還不免惴惴不安。玩賽車就是玩速度。膽子大的，幾圈過後，就「飛」起來了；膽子小的，任別人一再超過他，也慢慢來。

回家的路上，一行人仍談論著賽車。

有一位說：「啊，今天終於有了風馳電掣的感覺。」

有一位說：「我怎麼老覺得不夠快。」

眾人一聽都笑。原來說「不夠快」的，是這一行人中的速度最快者；而有了「風馳電掣的感覺」的，卻是其中最慢的那一位。

初聽好笑，細想對極了，一個因感覺「不夠快」，所以才會越開越快；一個已感覺到「風馳電掣」了，當然不會再加速了。

人的經歷千差萬別，人的感覺也萬別千差。

感覺痛不欲生者其實並不是世界上最痛苦的人，感覺春風得意者也不一定是最成功的人。

回首往事，心潮澎湃的那位可能經歷平淡，而真正領略過驚心動魄的人，一切已歸於平和。

所謂感覺豐富的人，有可能恰恰是經歷貧乏的人。

把夢想變成現實

耳鼻喉科病房裡同時住進來兩位病人，都是鼻子不舒服。在等待化驗結果期間，甲說，如果是癌症立即去旅行，而且先去拉薩。乙也同樣如此表示。

結果出來了。甲得的是鼻咽癌，乙長的是鼻息肉。

甲列了一張告別人生的計畫表離開了醫院，乙住了下來。

甲的計畫表是：去一趟拉薩和敦煌；從攀枝花坐船一直到長江口；到海南的三亞以椰子樹為背景拍一張照片；在哈爾濱過一個冬天；從大連坐船到廣西的北海；登上天安門；讀完莎士比亞的所有作品；寫一本書。凡此種種，共二十七條。

他在這張生命的清單後面這麼寫道：我的一生有很多夢想，有的實現了，有的由於種種原因沒有實現。現在上帝給我的時間不多了，為了毫不遺憾地離開這個世界，我打算用生命的最後幾年去實現還剩下的這二十七個夢。

後來，甲辭掉了公司的職務，去了拉薩和敦煌。

第二年，又以驚人的毅力和韌性通過了考試。這期間，他登上過天安門，去了內蒙古大草原，還在一戶牧民家裡住了一個星期。現在，這位朋友正在實現他出一本書的宿願。

有一天，乙在報上看到甲寫的一篇散文，打電話去問甲的病。

甲說：「我真的無法想像，要不是這場病，我的生命該是多麼的糟糕。是它提醒了我，去做自己想做的事，去實現自己想去實現的夢想。現在我才體會到什麼是真正的生命和人生。你生活得也挺好吧！」乙沒有回答。

因為在醫院時說的，去拉薩和敦煌的事，早已因患的不是癌症而丟到腦後去了。

生活哲理

在這個世界上，其實每個人都患有一種癌症，那就是不可抗拒的死亡。我們之所以沒有像那位患鼻咽癌的人一樣，列出一張生命的清單，拋開一切多餘的東西，去實現夢想，去做自己想做的事，那是因為我們認為自己還會活得很久。然而也許正是這一點量上的差別，使我們的生命有了質的不同：有些人把夢想變成了現實，有些人把夢想帶進了墳墓。

快倒塌的牆

有個老太太坐在馬路邊望著不遠處的一堵高牆，總覺得它馬上就會倒塌，見有人向牆邊走過去，她就善意地提醒道：

「那堵牆快要倒了，離它遠一點。」

被提醒的人不解地看著她，仍然大搖大擺地順著牆邊走過去，那堵牆沒有倒。

老太太很生氣：「怎麼不聽我的話呢？」

又有人走來，老太太又予以勸告。三天過去了，許多人從牆邊走過去，並沒有遇上危險。

第四天，老太太感到有些奇怪，又有些失望，不由自主便走到牆下仔細觀看。然而就在此時，牆倒了，老太太被掩埋在倒塌的磚石中，氣絕身亡。

生活哲理

提醒別人時往往很容易，很清醒，但能做到時刻清醒地提醒自己卻很難。所以說，許多危險源自於自身，老太太的悲哀便是因此而生。

※為保障您的權益，每一項資料請務必確實填寫，謝謝！

姓名		性別	□男　□女
生日	年　月　日	年齡	
住宅地址	郵遞區號□□□		
行動電話		E-mail	

學歷

□國小　□國中　□高中、高職　□專科、大學以上　□其他＿＿＿

職業

□學生　□軍　□公　□教　□工　□商　□金融業
□資訊業　□服務業　□傳播業　□出版業　□自由業　□其他＿＿＿

謝謝您購買 **生活簡簡單單，幸福平平淡淡** 與我們一起分享讀完本書後的心得。務必留下您的基本資料及電子信箱，使用我們準備的免郵回函寄回，我們每月將抽出一百名回函讀者，寄出精美禮物以及享有生日當月購書優惠！想知道更多更即時的消息，歡迎加入"永續圖書粉絲團"

您也可以使用以下傳真電話或是掃描圖檔寄回本公司電子信箱，謝謝！

傳真電話：（02）8647-3660　電子信箱：yungjiuh@ms45.hinet.net

●請針對下列各項目為本書打分數，由高至低5～1分。

項目	5 4 3 2 1	項目	5 4 3 2 1
1.內容題材	□□□□□	2.編排設計	□□□□□
3.封面設計	□□□□□	4.文字品質	□□□□□
5.圖片品質	□□□□□	6.裝訂印刷	□□□□□

●您購買此書的地點及店名＿＿＿＿＿＿

●您為何會購買本書？

□被文案吸引　□喜歡封面設計　□親友推薦　□喜歡作者
□網站介紹　□其他＿＿＿＿＿＿

●您認為什麼因素會影響您購買書籍的慾望？

□價格，並且合理定價是＿＿＿＿　□內容文字有足夠吸引力
□作者的知名度　□是否為暢銷書籍　□封面設計、插、漫畫

●請寫下您對編輯部的期望及建議：

廣　告　回　信
基隆郵局登記證
基隆廣字第200132號

221-03
新北市汐止區大同路三段194號9樓之1
傳真電話：（02）8647-3660
E-mail：yungjiuh@ms45.hinet.net

培育

文化事業有限公司

讀者專用回函

生活簡簡單單，
幸福平平淡淡

培 養 文 化 育 智 心 靈 的 好 選 擇